Und sie waren doch da!

ERICH VON DÄNIKEN

Und sie waren doch da!

Die ultimativen Belege für den Besuch von Außerirdischen

KOPP VERLAG

Alle Bilder Archiv Erich von Däniken

1. Auflage Oktober 2023
Copyright © 2023 bei
Kopp Verlag, Bertha-Benz-Straße 10, D-72108 Rottenburg

Lektorat: Thomas Mehner
Umschlaggestaltung, Satz und Layout: Nicole Lechner

ISBN: 978-3-86445-959-7

Gerne senden wir Ihnen unser Verlagsverzeichnis
Kopp Verlag
Bertha-Benz-Straße 10
D-72108 Rottenburg
E-Mail: info@kopp-verlag.de
Tel.: (0 74 72) 98 06-10
Fax: (0 74 72) 98 06-11

Unser Buchprogramm finden Sie auch im Internet unter:
www.kopp-verlag.de

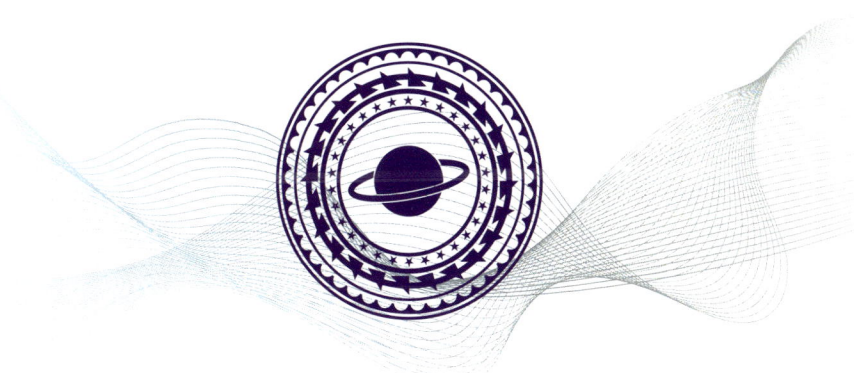

Inhaltsverzeichnis

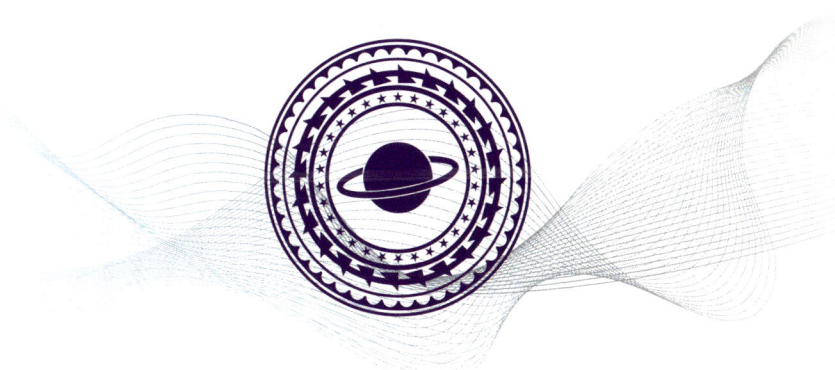

Brief an meine Leser

Liebe Leserin, lieber Leser,

immer wieder begrüßen mich nette Menschen mit den Worten »Ich habe alle Ihre Bücher gelesen!« Wirklich alle? Inzwischen sind es 46. Hier die Liste:

- *Erinnerungen an die Zukunft*
- *Zurück zu den Sternen*
- *Aussaat und Kosmos*
- *Meine Welt in Bildern*
- *Erscheinungen*
- *Besucher aus dem Kosmos*
- *Beweise*
- *Im Kreuzverhör*
- *Prophet der Vergangenheit*

- *Reise nach Kiribati*
- *Strategie der Götter*
- *Ich liebe die ganze Welt*
- *Der Tag, an dem die Götter kamen*
- *Habe ich mich geirrt?*
- *Wir alle sind Kinder der Götter*
- *Die Augen der Sphinx*
- *Die Spuren der Außerirdischen*
- *Die Steinzeit war ganz anders*
- *Die Rätsel im Alten Europa*
- *Der Götter-Schock*
- *Raumfahrt im Altertum*
- *Auf den Spuren der Allmächtigen*
- *Das Erbe von Kukulkan*
- *Der Jüngste Tag hat längst begonnen*
- *Zeichen für die Ewigkeit*
- *Im Namen von Zeus*
- *Die Götter waren Astronauten*
- *Die seltsame Geschichte von Xixli und Yum*
- *Für 100 Franken die ganze Welt*
- *Mysteries. The Work of Erich von Däniken (Bildband)*
- *Tomy und der Planet der Lüge*
- *Falsch informiert!*
- *Götterdämmerung*
- *Grüße aus der Steinzeit*
- *Was ist falsch im Maya-Land?*
- *Der Mittelmeerraum und seine mysteriöse Vorzeit*
- *Unmögliche Wahrheiten*
- *Das unheilige Buch*
- *Das Ende des Schweigens*

o *Was ich jahrzehntelang verschwiegen habe*
o *Botschaften aus dem Jahr 2118*
o *Neue Erkenntnisse*
o *Die Bekenntnisse des Ägyptologen Adel H.*
o *Alles Evolution – oder was?*
o *Buch der Antworten*
o *Wozu sind wir auf der Erde?*

Hinzu kommen noch einige Sammelbände, bei denen ich als Herausgeber fungierte. Einige von ihnen seien hier genannt:

o *Kosmische Spuren*
o *Neue kosmische Spuren*
o *Das Erbe der Götter*
o *Jäger verlorenen Wissens*
o *Brisante Archäologie*
o *Neugierde verboten!*
o *Galaktische Horizonte*
o *Besucher aus dem Kosmos*

Gibt es eindeutige Belege für den Besuch von Außerirdischen auf der guten alten Erde? Es wimmelt davon. Unsere gescheiten und doch blinden Astronomen und Astrophysiker wissen nichts darüber. Seit Jahrzehnten suchen sie nach Molekülen in irgendwelchen Meteoriten, forschen mit phänomenalen Teleskopen nach fernen Signalen, diskutieren darüber, wie unendlich schwierig eine Kommunikation mit Außerirdischen sein müsste – und blicken nicht vor die eigene Haustüre. Dabei liegen die Beweise für Außerirdische sowohl auf der Erde wie auch in unserem Sonnensystem. Wir sollten diese Belege nur endlich zur Kenntnis nehmen. Doch »die dort oben« bleiben im akademischen Blablabla unter sich. Also ging ich meine bisherigen Titel durch und pflückte die besten Beweise heraus. Stets ergänzt durch die aktuellen Neuigkeiten. Ich wünsche viel Spannung bei der Lektüre!

Sehr herzlich,

Ihr Erich von Däniken
Beatenberg/Schweiz im Juli 2023

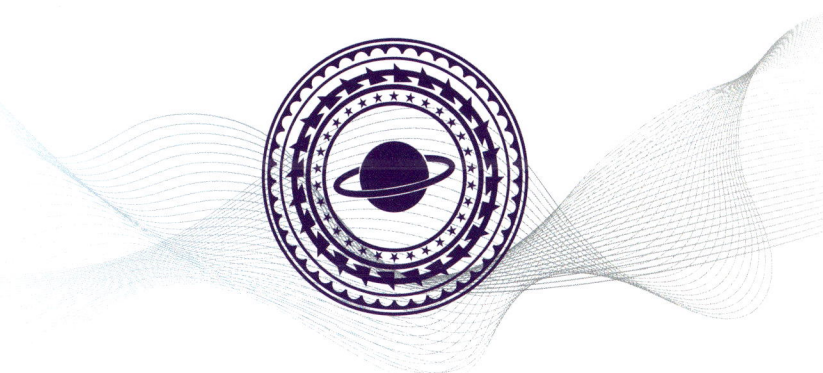

Kapitel 1

Beweist das Gegenteil!

Jede Kultur verfügt über einen Kalender, und jeder Kalender begann irgendwann. Dabei musste der Startschuss jeweils ein sehr wichtiges Ereignis sein. Für die Christen war es die Geburt von Jesus. Die Muslime begannen ihren Kalender mit der Auswanderung des Propheten Mohammed nach Medina im Jahr 622 n. Chr. Die jüdische Gemeinschaft wiederum versichert, ihr Kalender sei mit der Hilfe Gottes auf dem Berg Sinai entstanden. Er zählt 354 Tage und begann mit der Erschaffung der Erde. Ganz anders sehen das die Maya in Zentralamerika. Ihr Kalender begann am 11. August 3114 v. Chr. Weshalb ausgerechnet an diesem Tag? Sie haben es überliefert: Weil an jenem Tag die Götter von der Straße der Sterne herniederstiegen. Den unwiderlegbaren Beweis für diese Aussage liefern die Maya mit ihrem sensationellen astronomischen Wissen.

Doch bevor ich die phänomenalen Informationen aus dem Mayakalender erkläre, müssen die geografischen und politischen Zusammenhänge der damaligen Zeit verstanden werden. Diese sind abenteuerlich.

Alles begann mit dem spanischen Feldherrn Hernán Cortés (1485–1547). Der stach am 10. Februar 1511 in Kuba mit elf Schiffen in See. An Bord 110 Matrosen, 508 Soldaten, 32 Armbrustschützen und dreizehn Kanoniere. Dazu zehn schwere und vier leichte Geschütze sowie insgesamt sechszehn Pferde. Ohne Gegenwehr seitens der Eingeborenen übernahm Cortés die Insel Cozumel, ließ die verdutzten Maya von seinen Padres taufen und erklärte sie zu Untertanen der spanischen Krone. Doch die Maya merkten bald, was gespielt wurde, und formierten sich zum Widerstand. Als Cortés bei der Mayastadt Pontochán (auf Yucatán) Proviant aufnehmen wollte, stand er unerwartet einer Streitmacht von 40 000 Kriegern gegenüber. Den mutigen Eingeborenen kamen die Spanier mit ihren mit farbigen Stoffen behangenen Pferden und ihren glitzernden Rüstungen allerdings wie dämonische Ungeheuer vor. Die Maya wirkten schließlich wie gelähmt, als die Spanier ihre Feuerwaffen einsetzten, denn Erstere kannten weder Schießpulver noch Kanonen. Verdattert starrten sie den Eisenkugeln nach, die fürchterliche Schneisen in ihre Reihen schlugen. Bei jedem Kanonenschuss warfen sie sich irritiert zu Boden. Hernán Cortés begriff rasch, welch seltsame Umstände ihm zu seinem Sieg verhalfen. So schrieb er am 10. Juli 1519 an den spanischen König Karl V. und seine Gemahlin Juana:

»Seien Eure Königlichen Hoheiten dessen gewiss, dass wir in dieser Schlacht mehr durch den Willen Gottes als durch unsere Stärke gesiegt haben, denn gegen 40 000 Krieger boten wenig Schutz die 400, die wir waren.« [1]

Auf rundum gut sichtbaren Hügeln hissten die Soldaten von Cortés die spanische Flagge: schwarz und gold hinter einem knallroten Kreuz; darunter die Losung: »In hoc signo vinces« = »In diesem Zeichen wirst du siegen«. (Diese Worte waren bereits das Motto des römischen Kaisers Konstantin I., 286–337 n. Chr., gewesen, der über 1000 Jahre früher das Christentum zur Staatsreligion erhoben hatte.) Cortés spornte seine Soldaten an und verwies auf ihre überlegenen Waffen und die Naivität der Eingeborenen.

Mit der Hafenstadt Veracruz (= wahres Kreuz) gründete Cortés die erste spanische Stadt in Mexiko. Danach ließ er seine Schiffe von seinen eigenen Leuten abfackeln. Er machte ihnen klar, dass es kein Zurück nach Europa gab. In raffinierter Weise verstand es Cortés auch, verschiedene Indianerstämme gegeneinander auszuspielen und so Verbündete zu gewinnen. Die Eingeborenen ihrerseits hofften, an die spanischen Waffen zu gelangen.

Rasch durchschaute Cortés, dass die Tlaxcalteken – Indios aus dem Hochland – die Azteken hassten. Also verbündete er sich mit ihnen. Als sich Cortés später anschickte, die Hauptstadt der Azteken – Tenochtitlan (= das heutige Mexico City) – anzugreifen, marschierten 6000 Tlaxcalteken mit seiner kleinen Truppe. In Tenochtitlan herrschte der König der Azteken, Moctezuma II. (geboren um 1466). Der versuchte den Spanier versöhnlich zu stimmen. Seine Gesandten überbrachten immer wieder kostbare Geschenke, darunter auch Gold – was Cortés nur noch gieriger machte. Schließlich stand er am 15. November 1519 mit seinem gemischten Haufen vor den Toren der aztekischen Hauptstadt. Diese lag inmitten von silberglänzenden Lagunen. Grandiose Tempel und Paläste glitzerten in der Morgensonne – dazwischen ragten Stufenpyramiden in den Himmel. Hernán Cortés kleidete sich in die farbige Uniform eines Admirals und ritt an der Spitze seiner Truppe die breite Hauptstraße entlang. Kurz bevor er den Aztekenherrscher erreichte, schwang er sich vom Pferd und ließ einen Baumwollteppich ausbreiten. Über diese Begegnung schrieb C. W. Ceram in seinem berühmten Buch *Götter, Gräber und Gelehrte*:

> »*Zum ersten Mal in der großen Geschichte der Entdeckungen ereignete es sich, dass ein Mensch des christlichen Abendlandes eine fremde, reiche Kultur nicht aus ihren Trümmern zu rekonstruieren brauchte, sondern ihr leibhaftig begegnete. Cortés vor Moctezuma – das ist, als hätte sich Brugsch-Bey im Tal von Deir el-Bahari plötzlich Ramses dem Großen gegenübergesehen oder als wäre Koldewey in den ›Hängenden Gärten‹ Babylons spazierengehendem Nebukadnezar begegnet, und sie hätten wie Cortés und Moctezuma freie Reden austauschen dürfen.*« [2]

Man bedenke: Moctezuma befehligte 200 000 Krieger. Trotz der Kanonen hätte das kleine Häufchen der spanischen Eindringlinge keine Chance gehabt. Weshalb nur zeigte sich Moctezuma unterwürfig?

Sein Verhalten erklärt sich aus der aztekischen Überlieferung. Genauso wie die jüdische Gemeinschaft auf die Wiederkehr ihres Messias wartet, wie die Muslime auf ihren Mahdi hoffen, wie die Inka ihren Gott Viracocha herbeisehnen, wie die Hawaiianer auf Gott Lono harren, so erwarteten die Azteken die Rückkehr ihres Gottes Quetzalcoatl. Nicht, dass sie den Spanier als Gott betrachteten; nein, das taten sie nicht, wohl aber als einen Boten ihres sehnlichst erwünschten Gottes. Diese je nach Volk auch als Quetzalcuotl, Kukumatz oder Kukulkan bezeichnete Gottheit war die gefiederte Himmelsschlange. Dem mexikanischen *Codex Chimalpopoca*, dem Buch der Überlieferungen, zufolge, soll dieser Quetzalcoatl einst 52 Jahre unter den Menschen gelebt haben. [3] Er galt als himmlischer Lehrmeister und Kulturbringer. Sein Symbol war die Venus. Die Überlieferung berichtet, dieser Quetzalcoatl sei von großer, kräftiger Statur gewesen. Seine Augen lagen weit auseinander. Er trug eine kuriose Kopfbedeckung, darüber hinaus unter anderem eine Halskette sowie Fußbänder. Seine Füße zeigten einen gummiartigen Überzug. Bemerkenswert war auch seine Stimme. Sie sei – umgerechnet auf heutige Maßeinheiten – 15 Kilometer weit zu hören gewesen. [4]

Eine Überlieferung berichtet, dass sich Quetzalcoatl nach 52 Jahren Erdaufenthalt selbst verbrannt haben soll und zur Venus geworden sei. Eine andere Variante behauptet, Quetzalcoatl sei im Morgengrauen in den Himmel gefahren. Doch vorher habe er versprochen, in einer fernen Zukunft wiederzukehren.

Nun lebten alle zentralamerikanischen Völker nach demselben Kalenderzyklus von 52 Jahren. Bauten wurden im Rhythmus des Kalenders erstellt, Festlichkeiten nach Kalenderdaten zelebriert. Und ausgerechnet am Ende einer derartigen Kalenderrunde kam es zur Begegnung zwischen Moctezuma und Cortés. Der König und oberste Priesterfürst der Azteken sah im weißen Spanier Cortés einen Sendboten seines Gottes. Also empfing er seine Gäste mit einem königlichen Zeremoniell und bot ihnen sogar seinen Palast als Wohnung an. 3 Tage genoss Cortés die großzügige Gastfreundschaft, dann verlangte er den Bau einer Kapelle. Bereitwillig kommandierte Moctezuma seine Handwerker, und diese erfüllten, stets nach den Vorstellungen der Spanier, alle Wünsche. Doch die Priester von Moctezuma begannen, gegen die christlichen Besucher zu rebellieren. Da erklärte ihnen Moctezuma:

> *»Euch wie mir ist bekannt, dass unsere Vorfahren nicht aus diesem Land stammen, in dem wir jetzt wohnen. Sie sind unter der Führung eines mächtigen Fürsten aus weiter Ferne eingewandert.«* [5]

Trotz der gewaltigen Übermacht der Azteken fühlten sich die Spanier als Besatzer. An einer alten Mauer entdeckten sie eines Tages eine frisch verputzte Fläche und vermuteten dahinter eine Geheimtüre. Also durchbrachen sie die Wand und gelangten in eine Halle, die mit goldenen Figuren, mit Barren aus Gold und Silber sowie mit Juwelen, Schmuck und feinsten Stoffen angefüllt war. Cortés ließ das Ganze von seinen Ordensleuten schätzen: 162 000 Goldpesos war der Fund wert – heute rund 10 Millionen US-Dollars. Clever, wie er war, verbot Cortés seinen Leuten, den Schatz anzurühren. Die Zeit für einen Abtransport war noch nicht reif. Die aztekischen Adeligen und Priester hätten dagegen rebelliert. Also ließ Cortés die Wand wieder zumauern. Zudem drohte inzwischen eine neue Gefahr: Der Schwiegervater von Cortés, gleichzeitig Gouverneur von Kuba, hatte die Nachricht erhalten, dass Cortés seine eigenen Schiffe verbrannt hatte, was darauf hindeutete, dass er eigene Pläne verfolgte. Das durfte er jedoch nicht, denn die Schätze der Azteken gehörten der spanischen Krone im fernen Madrid. Also versammelte der Schwiegervater in Veracruz eine Streitmacht von achtzehn Schiffen mit 900 Männern. Genug, um gegen den kleinen Haufen von Cortés anzugehen. Doch der hatte inzwischen Verbündete: die Tlaxcalteken. In einer nächtlichen Attacke überrumpelte Cortés das Strafkorps seines Schwiegervaters, tötete die Anführer, nahm den Besiegten den Treueeid ab und stattete mit der Beute an Pferden, Waffen und Munition seine eigene Truppe aus. Anschließend kehrte er zu seinen Landsleuten nach Tenochtitlan zurück. Dort fand gerade ein Fest zu Ehren eines aztekischen Gottes statt. Unbeirrt von den Festlichkeiten ließ Cortés rund 700 aztekische Adelige und Priester ermorden. Dieses Gemetzel rüttelte die Hauptleute der Azteken wach. Sie stürzten Moctezuma, doch der versuchte auch jetzt noch, sich mit den Spaniern zu versöhnen. Am 30. Juni 1520 steinigte ihn sein eigenes Volk zu Tode. Nun erst gab Cortés den Befehl zum Abtransport des Aztekenschatzes. Doch einige Wachen entdeckten die Spanier. Jäh endete die Stille der Nacht. Fackeln leuchteten auf, die Azteken erwachten aus ihrem Rausch und jagten den Spaniern nach. Es wurde die *Noche Triste*, die traurige Nacht, für die Spanier. Kopflos begannen sie zu fliehen, doch Gold und Silber hingen schwer an ihren Monturen. Aztekenkrieger holten sie ein, stachen sie nieder. Pferde und Reiter irrten durch Schwärme sirrender Pfeile und Schleudersteine. Lanzen mit Obsidianspitzen stachen in die Leiber der verhassten Fremdlinge. Die spanische Streitmacht wurde um die Hälfte dezimiert, Cortés schwer verwundet, und der größte Teil des gestohlenen Schatzes versank im Morast.

Eine Woche später: Trotz seiner Wunden beharrte Cortés darauf, Anführer seiner Truppe zu bleiben. Kanonen und Munition
gab es nicht mehr. Die Azteken ihrerseits hatten sich inzwischen
gesammelt. Es kam zur finalen Begegnung. Cortés, der nichts
mehr zu verlieren hatte, erkannte hinter den Reihen der aztekischen Krieger ihren Anführer. Er schwang sich auf sein Pferd,
sprengte durch die Reihen der Azteken und stieß ihrem Feldherrn sein Schwert in den Leib. Das Heer der Azteken war wie
gelähmt. Seine Kämpfer hatten ihren Anführer für unverletzbar
gehalten. Nun lösten sich ihre Reihen auf. Die Krieger kehrten
zu ihren Stämmen zurück. Im Sommer 1521 fiel die Stadt Tenochtitlan. Tempel, Pyramiden, Wohnhäuser, Gottesbilder und
phänomenale Bibliotheken versanken in Schutt und Asche.
(Auf den Ruinen entstand später die heutige Stadt Mexiko City.)

Im fernen Spanien war inzwischen der Bischof Diego de Landa (1524–1579) einer Gruppe von Mönchen zugeteilt worden,
die Zentralamerika christianisieren sollten. Diego de Landa,
intelligent und vom Missionsdrang beseelt, erlernte die Sprache der Maya innerhalb weniger Monate. In Mexiko legte er
eine Blitzkarriere hin. Kaum war er Verwalter eines neuen
Klosters, gründete er überall im Lande weitere Schulen. Er
überwachte die Ausbildung der jungen Indios, die ihrem be-
wunderten Lehrmeister nacheiferten und bald mithalfen, den
eigenen Landsleuten die christliche Lehre beizubringen. Aus
Azteken- und Mayatempeln wurden Kathedralen, aus Pyramiden spanische Verwaltungsgebäude. Obwohl Millionen von
alten, sauber zugeschnittenen Steinen zu neuen Baustellen
transportiert wurden, bezweifelte Diego de Landa, »ob der
Vorrat an altem Baumaterial je erschöpft sein könne«. [6]
Schließlich befahl der christliche Eiferer, alle Mayahandschrif-

ten zu vernichten. Am denkwürdigen 12. Juli 1562 stapelten sich vor der Kirche San Miguel in Mani, der letzten Mayametropole, 5000 Götzenbilder, 13 Altäre, 197 Kultgefäße und Hunderte von wissenschaftlichen und religiösen Werken. Auf Befehl des Bischofs verbrannten die grandiosen Dokumente einer uralten Kultur. Ungerührt notierte Diego de Landa:

> *»Wir fanden eine große Zahl von Büchern mit Zeichnungen. Aber da sie nur Lügen und Teufelswerk enthielten, verbrannten wir alle, was die Maya zutiefst bedrückte und ihnen sehr Kummer bereitete.«* [7]

Das Autodafé von Mani wirkte wie ein Signal. In blindem Eifer vernichteten Missionare die Bücher der Azteken und später auch diejenigen der Maya. Priester wurden ermordet, Jünglinge gefoltert. Die Spanier stuften sämtliche Schriften der zentralamerikanischen Völker als »Teufelswerk« ein. Doch Diego de Landa, der »Falke« unter den Missionaren, geriet am spanischen Hof in die Schusslinie der »Tauben«. Es wurde ihm vorgeworfen, er habe sich persönlich zu sehr bereichert. Das wollte er nicht auf sich sitzen lassen und suchte deshalb nach neuen Freunden. Er begann, sich mit den Adeligen der Azteken zu versöhnen. In lateinischer Sprache notierte er, was seine neuen Gesprächspartner über ihre Götter und Überlieferungen, doch auch über ihr Zahlensystem und ihren komplizierten Kalender auszusagen wussten. Im Jahr 1566 legte er der spanischen Krone seine Verteidigungsschrift vor. Sie trug den Titel *Relación de las cosas de Yucatán* (in deutscher Übersetzung: *Bericht aus Yucatán*). [8] Diese Schrift wurde später zur wichtigsten Quelle der Mayaforschung. Entdeckt wurde sie durch einen puren Zufall.

Im Jahr 1863 – 3 Jahrhunderte nach Diego de Landa – stieß der französische Geistliche Abbé Charles Étienne Brasseur de Bourbourg (1814–1874) in der königlichen Bibliothek von Madrid auf ein unscheinbares Büchlein, eingeklemmt zwischen ledergebundenen, goldgeprägten Folianten. Brasseur de Bourbourg, ein früherer Missionar in Guatemala und Priester an der französischen Botschaft in Mexico City, war erstaunt. Das Büchlein zeigte Mayaglyphen. In seiner *Historie* schrieb Brasseur de Bourbourg:

> *»Das Wichtigste, was die Häuptlinge in ihre Stammesgebiete verschleppten, waren ihre wissenschaftlichen Bücher.«* [10]

Sein Landsmann José de Acosta hatte bereits lange vor ihm vermerkt:

> *»In Yucatán gab es eingebundene und gefaltete Bücher, in denen die geschulten Indios ihr Wissen über die Planeten, die Dinge der Natur und ihre alten Überlieferungen bewahrten.«* [9]

Gerade einmal drei dieser Handschriften, *Codices* genannt, überlebten Diego de Landas Vernichtungswut. Den *Madrider Codex* entdeckte Abbé Brasseur de Bourbourg in der Privatsammlung bei einem Professor der Diplomatenschule in Spaniens Hauptstadt. Der *Pariser Codex* wurde 1860 zufälligerweise in einem großen, alten Papierkorb der Pariser Nationalbibliothek gefunden. Und den *Dresdner Codex* brachte Johann Christian Götze, ein Bibliothekar der königlichen Bibliothek, im Jahr 1739 von einer Italienreise nach Dresden.

Damals notierte Götze:

>>*Unsere königliche Bibliothek hat diesen Vorzug vor vielen anderen, dass sie einen solchen Schatz besitzt. Man hat ihn vor wenigen Jahren bei einer Privatperson in Wien gefunden und als eine sonst unbekannte Sache gar leicht umsonst erhalten. Ohne Zweifel stammt er aus einer Verlassenschaft eines Spaniers, welcher entweder selbst oder auch dessen Vorfahre in Amerika gewesen.*<< [10]

Alle drei Mayahandschriften lassen sich wie eine Harmonika auseinanderziehen und zusammendrücken. Der *Pariser Codex* hat eine Länge von 1,45 Metern. Der *Madrider Codex* ist 6,82 Meter lang und der *Dresdner Codex* 3,56 Meter. (**Bild 1**) Die einzelnen Seiten bestehen aus dünnen Schichten der Bastrinde des wilden Feigenbaums. Diese wurde zuerst weichgeklopft, dann mit dem Saft des Gummibaums elastisch gemacht und am Ende der Prozedur mit Kalkmilch überzogen. Der getrocknete Kalk wirkte wie ein hauchdünner Stucküberzug, auf dem die Malfarben der Künstler herausstachen. Diese wurden mittels spitzer Federn, feiner Pinsel oder auch Stäbchen aufgetragen. (Im Gegensatz dazu schrieben die Alten Ägypter auf Papyrus, einer Wasserpflanze.)

Vom *Dresdner Codex* wird angenommen, dass er ursprünglich aus der Mayastadt Palenque stammt, weil einige seiner Zeichnungen mit Glyphen an den dortigen Tempelwänden übereinstimmen. Insgesamt weisen alle drei Codices 6730 Hauptzeichen und 7500 Affixe (= angefügte Silben) auf. Trotz oder gerade wegen dieser Menge an >>Buchstaben<< sind wir bis heu-

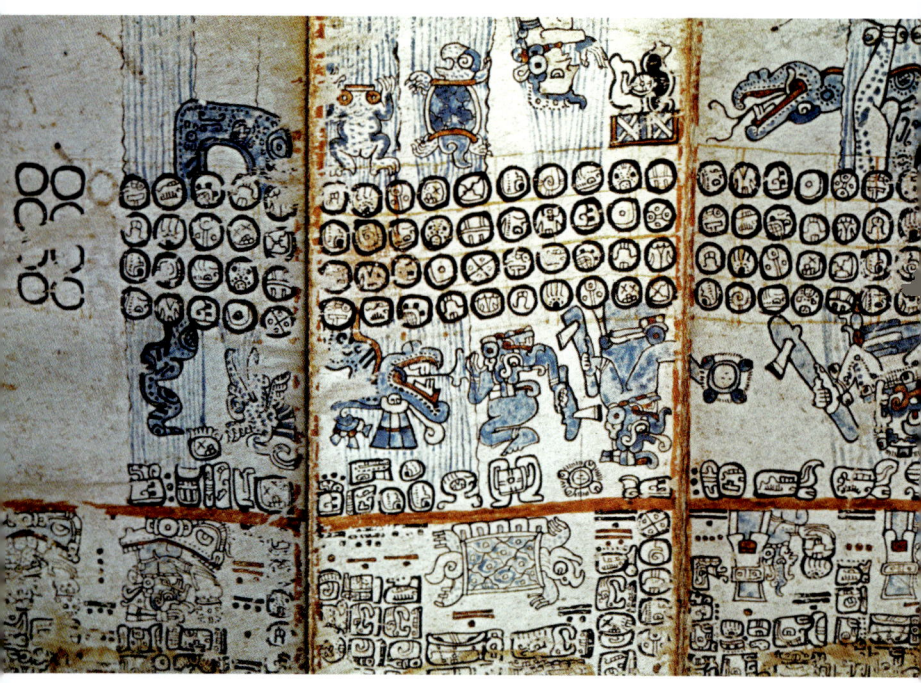

Bild 1: Dresdner Codex

te nicht sicher, was sie eigentlich aussagen. Beim *Pariser Codex* vermuten die Fachleute, es handle sich um Weissagungen. *Welche* Weissagungen? Der *Madrider Codex* soll vorwiegend Horoskope, also wiederum Weissagungen, enthalten. Einzig der *Dresdner Codex* ist einigermaßen übersetzbar. Weshalb? Weil der Bischof Diego de Landa in seiner *Relación* den passenden Schlüssel zur Mathematik und Astronomie der Maya lieferte. In diesem Codex wimmelt es von exakten astronomischen Daten, welche die Mayapriester niemals durch eigene Beobachtungen erarbeitet haben können. Sie selbst überlieferten, ihr Wissen stamme von den Göttern. Und diese Aussage ist beweisbar.

Prof. Dr. Thomas Barthel, einer der großen Mayaschriftforscher, fand heraus, dass diese Schrift ganz offenkundig einen »Mischcharakter aufweise, weil die gleichen Zeichen völlig verschiedene Dinge bedeuten können«. [11] Auch gebe es »ganze Hieroglyphenblöcke, die mitten in einem Zahlentext stecken, und Wortspielereien, die völlig verschiedene Lesevarianten ermöglichen«. [12] Zum Verständnis: In unserer Gesellschaft ist das oft nicht anders. Das englische Wort »blue« bedeutet »blau«. Doch »blue« steht auch für »einsam« (A blue Lady). Und das deutsche Wort »blau« wird auch im Sinne eines alkoholisierten Zustands benutzt. Die Schriftverwirrung bei den Maya war möglicherweise sogar Absicht. Ihre Bücher enthielten eine Art von Code für die Priester. Das gemeine Volk sollte den Irrgarten der Schrift nicht durchschauen. Zudem existierten von Stammesgebiet zu Stammesgebiet verschiedene Sprach- und Bildformen. Vergleichbar unseren Dialekten. Dabei entwickelten die Mayapriester unsagbare Hürden zum Verständnis ihrer Schrift. Normalerweise beginnt ein Hieroglyphenblock mit einer sogenannten Einführungsglyphe, etwas wie einem großen Anfangsbuchstaben. Doch die Maya schrieben nicht nur von links nach rechts, sondern auch noch von unten nach oben. Dann wiederum liegen ganze Zahlenkolonnen mitten in einem Text, die dort völlig sinnlos erscheinen.

Elf Blätter des *Dresdner Codex* enthalten astronomische Daten der Venus. Die Maya kannten das Venusjahr mit 583,92 Tagen. Zwei ihrer Blätter befassen sich mit der Marsbahn, vier mit Jupiter, von dem sie auch einige Monde kannten. (Die heutige Astronomie kennt über 80 Jupitermonde.) Zwei Blätter sind dem Saturn gewidmet, und es folgen solche zum Polarstern, zu verschiedenen Sternbildern und sogar zu den Bahnen der damals bekannten Kometen. Es wird noch unglaublicher: Die astronomischen Tafeln beschreiben nicht nur die Bahnen unserer Planeten, sondern stellen auch »die Bezugspunkte der Planeten untereinander dar, und dies mit der jeweiligen Vergleichsposition der Erde«. [13] Da gibt es Perioden von Merkur-, Venus-, Erd- und Marsjahren von 135 200 Tagen und astronomische Berechnungen, die über 400 Millionen Jahre reichen. Auf sieben Blättern der sogenannten Finsternistafel ist jede Finsternis der Vergangenheit und jede der Zukunft abzulesen. Bereits 1937 vermerkte der deutsche Astronomieprofessor Herbert Noll-Husum in der *Zeitschrift für Ethnologie*:

>»Die Finsternistafel ist so genial angelegt, dass für Hunderte von Jahren jede einzelne überhaupt im Gebiet mögliche Finsternis und außerdem, als nicht beobachtbare, theoretische Finsternis, jede andere auf den Tag genau bestimmbar und ablesbar ist.« [14]

Woher soll ein Steinzeitvolk, das beim Ballspiel Menschen opferte, seine astronomischen Daten erhalten haben? Welcher Geist hat ihnen eingegeben, dass die Himmelskörper sich in Korrelation zueinander bewegen? Wenn der Mars am Punkt X steht, wo steht dann die Venus in Beziehung zum Jupiter? Die Archäologen meinen, das alles sei aus jahrhundertelangen Beobachtungen entstanden, aus einer Art von magischem Zwang zum Kalender oder einer Sucht zur Mathematik. Geht nicht! Dass auch Steinzeitmenschen von den glitzernden Lichtpunkten am nächtlichen Himmel fasziniert waren, ist selbstverständlich. Doch die Maya lebten in einem geografisch-meteorologischen Raum, der für konstante Himmelsbeobachtungen in keiner Weise die idealen Verhältnisse bot. Aus dem dampfenden Dschungel stiegen Schwaden auf, lagen wie eine Dunstglocke über dem Urwald. Tropische Regenwolken verhinderten mindestens 6 Monate im Jahr die Sicht zum Firmament. Und das Entscheidendste: Die Maya kannten ihre astronomischen Daten *seit dem Beginn* ihrer Kultur. Bereits die älteste Mayastadt – Tikal im heutigen Guatemala – spiegelt das astronomische Wissen wider. (Ich komme darauf zurück.) Und: Da die Erde sich auf einer elliptischen Bahn um die Sonne bewegt, die anderen Planeten aber dasselbe tun, sind alle Planetenbeobachtungen relativ. Im *Dresdner Codex* werden aber astronomische Berechnungen aufgezeigt, die sich nur alle 6000 Jahre wiederholten. *Die Maya hatten jedoch keine 6000 Jahre andauernde Beobachtungszeit.* Sie kannten die Umlaufbahn der Erde um die Sonne mit vier Stellen hinter dem Komma – mit 365,2421 Tagen. Die Zahl ist genauer als diejenige unseres Gregorianischen Kalenders mit 365,2424 Tagen. Die Maya operierten mit Zyklen von 374 440 Jahren und kannten die Bahndaten der Venus genauso präzise wie wir heute. Dazu schrieb der britische Astronomieprofessor Michael Rowan-Robinson:

> »*Derartige Übereinstimmungen sind in der westlichen Astronomie erst in modernen Zeiten erreicht worden.*« [15]

Und der amerikanische Archäologe Sylvanus Griswold Morley (1883–1948), der Jahrzehnte in Yucatán forschte, die Mayastadt Uaxactún entdeckte und die Ausgrabungen in Chichén Itzá leitete, stellte fest:

> *»Die alten Maya konnten jedes Datum ihrer Chronologie mit solcher Präzision bestimmen, dass eine Wiederholung erst nach 374 440 Jahren stattfand. Eine geistige Großtat für jedes chronologische System alter oder neuzeitlicher Herkunft.«* [16]

Wann endlich bekennen unsere Archäologen, dass die Maya ihr astronomisches Wissen nicht selbst erarbeitet haben konnten? Zum Vergleich: Noch im klassischen Griechenland galt es als Sakrileg zu behaupten, die Erde bewege sich um die Sonne. Anaxagoras (um 500–428 v. Chr.) wurde der Gottlosigkeit angeklagt und verbannt, weil er verkündete, die Sonne sei ein glühender Stein. Selbst Claudius Ptolemäus (auch Ptolemäus von Alexandria genannt, um 100–160) stellte die Erde noch in den Mittelpunkt eines Weltsystems. Erst Nikolaus Kopernikus (1473–1543) widersprach dem – doch sein Werk wurde sofort verboten. Giordano Bruno (1548–1600), der ein neues einheitliches Weltbild proklamierte, wurde durch die damalige Inquisition für 7 Jahre in Gefangenschaft geschickt und schließlich auf dem Scheiterhaufen verbrannt. Johannes Kepler (1571–1630), der Gesetzmäßigkeiten entdeckte, nach denen sich die Planeten um die Sonne drehen, wurde prompt verlacht. Galileo Galilei (1564–1642) erging es nicht besser: Nachdem er seine Erkenntnisse zu den Planetenbahnen veröffentlicht hatte, wurde ihm 1633 der Prozess gemacht, und er musste öffentlich abschwören (»Und sie bewegt sich doch!«).

John Eric S. Thompson (1898–1975), weltberühmter Mayaspezialist, der sein Leben lang der Erforschung des Mayakalenders widmete, meinte, die Maya hätten ihre astronomischen Daten aus jahrhundertelangen Beobachtungen gewonnen. Zitat:

»Es gibt nur fünf untere Konjunktionen [= Stellung zweier Gestirne] der Venus in 8 Jahren, und so konnte ein Priesterastronom in 30 Jahren seines Mannesalters unter günstigen Bedingungen etwa zwanzig heliakische [= griechisch: zur Sonne gehören] Aufgänge beobachten. In Wirklichkeit dürfte das schlechte Wetter es auf etwa zehn reduziert haben. Darüber hinaus setzten die Maya heliakische Aufgänge 4 Tage nach der unteren Konjunktion an, und es erforderte sehr scharfe Augen, um den Planeten auszumachen, wenn er der Sonne noch so nahe stand. Wenn der Beobachter den Planeten nicht am vierten Tag entdeckte, konnten seine Beobachtungen um einen Tag differieren. Er musste auch die Abweichungen des Planeten vom Durchschnitt von 584 Tagen zwischen den heliakischen Aufgängen berechnen und diese berücksichtigen. Unter diesen ungünstigen Umständen muss es der Arbeit vieler Generationen bedurft haben, um diese letzte Genauigkeit der Maya – eine Abweichung von nur einem einzigen Tag in mehr als 6000 Jahren! – zu erreichen.« [17]

Gut gemeint, aber die Überlegungen gehen nicht auf, weil die Maya ihr astronomisches Wissen bereits *vor* dem Bau ihrer Pyramiden besaßen. So ist beispielsweise die Mayastadt Tikal in Guatemala *bereits das Produkt* dieses Wissens. Vor über 100 Jahren schockierte der Astronom Robert Henseling die Fachwelt mit nachfolgenden Feststellungen:

1. Das astronomische Wissen der Maya konnte nur gewonnen werden, wenn aufgrund klarer Einsicht in die Probleme der Periodik von Sonne, Mond,

Planeten und Fixsternhimmel längere Zeit hindurch exakte Methoden zur Messung kleiner Winkel und kleiner Zeitteile angewendet wurden.

2. Es muss als *unmöglich* erachtet werden, dass die Maya Instrumente und Methoden kannten, mit denen sie Winkelmessungen mit der erforderlichen Genauigkeit durchführen konnten.

3. Es kann dagegen nicht bezweifelt werden, dass den Mayaastronomen Gestirnskonstellationen, die Jahrtausende zurücklagen, nach Art und Tag zuverlässig bekannt waren.

4. Dies wäre unverständlich, wenn nicht in jener Vorvergangenheit, das heißt Jahrtausende vor der christlichen Zeitrechnung, die entsprechenden Beobachtungen *von irgendwem irgendwo gemacht und der Nachwelt zuverlässig überliefert worden wären.*

5. Dies setzt aber voraus, dass schon in jener Vorvergangenheit eine Entwicklung von sehr langer Dauer stattgefunden hatte.

Henseling errechnete, dass sich die Mayaastronomie auf ein Nulldatum zurückrechnen lasse, das im Jahr 8498 v. Chr. liege. Henselings Startpunkt des Mayakalenders gilt inzwischen nicht mehr. Nach einem jahrzehntelangen Streit einigte man sich auf das heute allgemein bekannte Startdatum des Mayakalenders, den 11. August 3114 v. Chr. Auch dieser Tag liegt in der fernen Steinzeit – und in dieser Zeit existierten ebenfalls weder Teleskope noch andere vergleichbare Hilfsmittel. Im Jahr 3114 v. Chr. gab es keine entwickelte Mayakultur, die Maya waren zu diesem Zeitpunkt Steinzeitmenschen. Und selbst wenn das von uns festgelegte Startdatum des Mayakalenders *nicht* stimmen sollte, so ändert das nichts an der Aussage der Maya, der Startschuss ihres Kalenders sei identisch mit der Herniederkunft der Götter vom Firmament.

Um der Mayaastronomie folgen zu können, muss man ihr Zahlensystem kennen. Ohne Ziffern keine Astronomie. Die Grundzahlen sind einfach: Für eine Eins setzten sie einen Punkt, für eine Zwei zwei Punkte etc. Die Fünf wird mit einem Querstrich dargestellt und die Sechs mit einem Querstrich plus einem Punkt darüber. Die Sieben ist ein Querstrich mit zwei Punkten und so weiter. Und die Zehn? Die entspricht zweimal der Fünf, also zwei Querstrichen.

Wir Heutigen rechnen mit dem Dezimalsystem, abgeleitet von unseren zehn Fingern. Bei den Maya hingegen galt das Zwanzigersystem, das auch als Vigesimalsystem (lateinisch: vigesimus = der Zwanzigste) bezeichnet wird. Bei uns bedeutet eine Null hinter der Eins gleich zehn. *Unsere* Zahlen laufen von rechts nach links. Jede Zahlenstelle zeigt eine höhere Zehnerpotenz. Die Zahl 4327 bedeutet: sieben Einer, zwei Zehner, drei Hunderter und vier Tausender. Im Gegensatz dazu schrieben die Maya ihre Zahlen in senkrechten Säulen von unten nach oben, wobei der Wert mit jeder Stufe um eine Zwanzigerpotenz wuchs. Das sieht so aus:

64 000 000

3 200 000

160 000

8000

400

20

1

Auf diese Weise wurden Zahlen bis zu 1 280 000 000 errechnet. Dabei war die Mayaschreibweise einfacher als alles, was die Alte Welt sonst hervorbrachte. Die Römer notierten ihre Zahlen mit Buchstaben. Für die Zahl 1848 beispielsweise MDCCCXLVIII. Derartige Buchstabenreihen lassen sich aber nicht untereinander schreiben oder addieren, geschweige denn multiplizieren. Auch fehlte im römischen System die Null. Wir Europäer übernahmen diese erst um 700 von den Arabern. Die wiederum wollen ihre Null von den Indern übernommen haben, die ihrerseits behaupten, sie stamme von den Göttern. Jetzt geht's aber um einen Kalender, den die Maya von den Göttern bekommen haben wollen. Der Kalender bestimmte ihnen alle religiösen Feste, ihre Bauwerke, den Ablauf von wiederkehrenden Ereignissen sowie die Verbindung zum Universum. Die kleinste Kalendereinheit war 1 Monat mit 13 Tagen. Das Jahr bestand aus 20 solcher Monate, und 13 multipliziert mit 20 ergibt 260 Tage. Diesen 260-Tage-Kalender nannten die Maya Tzolkin.

Doch was sollte ein Jahr mit 260 Tagen? Das passte nirgendwo auf die jahreszeitlichen Abläufe unseres Planeten, auf Frühling, Sommer, Herbst und Winter. Ein 260-Tage-Kalender war demnach total sinnlos. Das war auch den Maya bekannt. Deshalb nannten sie ihren 260 Tage umfassenden Kalender den Götterkalender. Selbstverständlich wussten sie, dass die Erde sich um die Sonne drehte, also führten sie neben ihrem Götterkalender auch noch einen irdischen Kalender. Diesen nannten sie Haab. Da die Maya aber die Umlaufzeit der Erde um die Sonne genauso präzise wie wir Heutigen kannten, benötigten auch sie einen Schaltmonat in ihrem Kalender. (Bei uns gibt es deshalb alle 4 Jahre einen Monat Februar mit 29 Tagen.)

Zum Vergleich einmal die Dauer eines Jahres nach den unterschiedlichen Kalendersystemen:

Julianischer Kalender	365,250 000 Tage
Gregorianischer Kalender	365,242 500 Tage
Mayakalender	365,242 129 Tage
Astronomischer Kalender	365,242 198 Tage

Wie ich bereits schrieb: Der Mayakalender berechnete die Dauer eines Erdenjahres genauer als der Gregorianische Kalender. Doch damit nicht genug: Erwiesenermaßen operierten die Maya auch mit geradezu grotesken Kalenderzyklen. (Ich behandelte das Thema bereits vor 40 Jahren. [18]) Der Überblick:

1 Kin	=	1 Tag
1 Unial	=	20 Tage
1 Tun	=	360 Tage
1 Katun	=	7200 Tage
1 Baktun	=	144 000 Tage
1 Pictun	=	2 880 000 Tage
1 Calabtun	=	57 600 000 Tage
1 Kinchiltun	=	1 152 000 000 Tage
1 Alautun	=	23 040 000 000 Tage

Hallo? Was sollte das? 23 040 000 000 Tage entsprechen sage und schreibe 63 123 287,6 712 329 Jahren. Wozu rechneten die Maya in solchen zeitlichen Dimensionen? Der Mayaarchäologe Rafael Girard stellte nur lapidar fest:

> *Auf dem Gebiete der Mathematik, der Chronologie und der Astronomie waren die Maya nicht nur allen amerikanischen Völkern, sondern auch sämtlichen Zivilisationen der Alten Welt überlegen.« [19]*

Doch wozu dienten – ich frage noch einmal – all diese unfassbaren Kalenderdaten? Für das alltägliche Leben, für den Ackerbau oder die Jagd halfen sie nichts. Der Zeitenstrom ergäbe nur einen Sinn im Zusammenhang mit kosmischen Ereignissen, die sich in Jahrtausenden oder in noch viel größeren Zeiträumen wiederholten. So steht auf der dritten Tafel des Tempels der Inschriften von Palenque ein Datum, das sich auf den »Knaben Lönig Pakal« [20] bezieht. Das Datum liegt 1 247 654 Jahre in der Vergangenheit. Derselbe Pakal soll wieder auf die Erde zurückkehren. Und auf dem »Monument Nummer 6« von Tortuguero, 80 Kilometer nordwestlich von Palenque gelegen, ist zu lesen:

> *Es wird vollendet sein der 13. Baktun […], es wird herniedersteigen Bolon Yokte […].«*

Wann lebte dieser Bolon Yokte? Die Antwort steht im Tempel XIV von Palenque: 931 449 Jahre v. Chr. »Alles lächerlich!«, ist man versucht auszurufen. Doch ein Blick in die Kalenderrunden anderer Kulturen belegt dasselbe. So notierte der Historiker Diodor von Sizilien schon vor 2000 Jahren über die Kultur der Chaldäer:

»Was sie aber über die Anzahl der Jahre sagen, seit welchen sie sich mit der Ergründung des Weltalls befasst haben […], so wären 473 000 Jahre verflossen.« [21]

Die Maya und Diodor von Sizilien sind mit ihren unmöglichen Zahlen keineswegs allein. Auf der babylonischen Königsliste mit der Bezeichnung WB 444 stehen ähnliche Werte. Diese Liste wurde im Jahr 1932 in Khorsabad, einer irakischen Stadt nahe Mossul, gefunden und ist heute im Britischen Museum in London zu bestaunen. **(Bild 2)** Die Namen und Daten der Herrscher sind in den Steinblock eingraviert.

»Als das Königtum vom Himmel herabkam, war in Eridu das Königtum. In Eridu war Alulim König, 28 800 Jahre regierte er.
    Alagar regierte 36 000 Jahre. Zwei Könige[,] 64 000 Jahre regierten sie.
    In Bad-tibira regierte En-men-lu-ana. 43 200 Jahre.
    En-men-gal-and[,] der andere[,] regierte 36 000 Jahre. Zwei Könige, 64 000 Jahre regierten sie […].
    In Suruppak war Ubar-tutu König. 18 600 Jahre regierte er.
    Fünf Städte, acht Könige, 241 200 Jahre regierten sie.
    Die Flut ging darüber hinweg. Nach der Flut stieg das Königtum abermals vom Himmel hernieder. Die 23 Könige nach der Flut regierten 24 510 Jahre, 3 Monate und dreieinhalb Tage.«

Insgesamt regierten diese Urkönige 456 000 Jahre lang. Ist das alles von unseren Vorfahren erfunden worden? Handelt es sich um Wunschdenken? Immerhin: Die *Bibel* berichtet von genauso unmöglichen Daten. Adam soll 900 Jahre alt geworden sein, Methusalem 969 Jahre. Dazu nochmals Diodor von Sizilien:

*»Von Osiris und Isis bis zur Herrschaft Alexanders [...]
seien mehr als 10000 Jahre verflossen, sagen sie. Andere nennen sogar die Zahl von 23000 Jahren.«* [21]

Bild 2:
Sumerische
Königsliste
WB 444

In der Religion der Jainas in Indien tauchen Herrscher auf, die 8 400 000 Jahre regierten, und der Grieche Hesiod schrieb um 700 v. Chr. in seinem Buch *Werke und Tage*, das unter anderem die fünf Menschengeschlechter behandelt, damals hätten die Halbgötter die Erde jahrzehntausendelang bewohnt. [22] Nichts anderes vermeldet Platon in seinem Dialog *Nomoi* (*Gesetze*):

> *»Bei näherer Umschau wird man finden, dass dort die vor 10 000 Jahren, ich meine dies nicht in dem gewöhnlichen, unbestimmten Sinne des Wortes, sondern tatsächlich vor 10 000 Jahren, gefertigten Bildsäulen weder schöner noch hässlicher sind.«* [23]

Offensichtlich befürchtete Platon, dass man seine Angaben für eine Übertreibung halten könnte und betonte deshalb: »[…] ich meine dies nicht in dem gewöhnlichen, unbestimmten Sinne des Wortes […].«

Wir Schlaumeier von heute wollen das alles nicht wahrhaben. Die selig machende Evolutionstheorie spricht dagegen. (Darüber berichtete ich ausführlich in meinem Buch *Alles Evolution – oder was?* [24].) Selbstherrlich und verliebt in unser gerade herrschendes Wissen ignorieren wir auch die Tatsache, dass vor Jahrtausenden gleich mehrere Historiker diese unmöglichen Jahreszahlen festhielten – Schreiberlinge, die sich damals untereinander nicht kannten und auf unterschiedlichen Kontinenten lebten. Was kümmert's uns? Wir fragen auch nicht, weshalb die Maya einen Kalender von 260 Tagen kannten, der für das irdische Leben völlig nutzlos war. Auch dafür gibt es eine überzeugende Antwort. Sie stammt von meinem Leser

Herrn Dr. S. Kissling. Der ist Naturwissenschaftler und machte mich schon vor 40 Jahren auf den Asteroidengürtel zwischen Mars und Jupiter aufmerksam. Der besteht aus einigen Hunderttausend Gesteinsbrocken größerer und kleinerer Art. Heute kennt man nicht nur die Bahndaten vieler Asteroiden, sondern sogar ihre Größe. So weist Ceres einen Durchmesser von 770 Kilometern auf, Pallas einen solchen von 452 Kilometern, Vesta einen von 393 Kilometern etc. Ganz schöne Brocken. Was soll der Asteroidengürtel mit dem 260-Tage-Kalender der Maya zu tun haben? Alles! Ursprünglich meinten unsere Astronomen, die Asteroiden müssten wohl von einem zerstörten Planeten stammen. Dann verwarf man diese Idee. Man berechnete die Anzahl der vorhandenen Asteroiden und kam zu dem Schluss, ihre Masse wäre zu klein, um einen Planeten zu bilden. Diese Überlegungen sind falsch. Bei der Zerstörung einer Welt fliegt das Material in diverse Richtungen. Es gerät in den Anziehungsbereich der Sonne und der Planeten, andere Teile werden aus dem Sonnensystem hinauskatapultiert. Rechnet man die Masse aller Einzelstücke des Asteroidengürtels zusammen, wird nur deshalb nie ein Planet daraus, weil der größte Teil der Bruchstücke fehlt. In unserem Sonnensystem sind sämtliche Monde und Planeten – auch die Erde – mit Kratern übersät. Wieso das? Doktor Kissling errechnete, dass ein ehemaliger Planet zwischen Mars und Jupiter die Erde in exakt 260 Tagen umrundet hätte. Dies ergibt sich aus den Gesetzen der Planetenbahnen, die einst von Johannes Kepler entworfen wurden. Der »Götterkalender« der Maya mit 260 Tagen bezog sich also auf einen nicht mehr existierenden Planeten zwischen Mars und Jupiter. Weshalb sollte ein solcher Himmelskörper verschwinden? Die Götter – ehemalige Außerirdische – führten fürchterliche Kriege gegeneinander. Diesbezüglich wimmelt es von eindeutigen Aussagen in den antiken Texten. (Ich berichtete in mehreren Büchern darüber. [25, 26])

Wie will man aus den Mayaschriften herauslesen, dass einst Außerirdische die Erde besuchten und zu Lehrmeistern der Maya wurden? Hier die Antwort:

a) Die Maya selbst überlieferten es,
b) ihre astronomisch ausgelegten Bauwerke beweisen es,
c) der Grund für den Beginn des Mayakalenders
   war die Herniederkunft der Götter.

Aber Diego de Landa hatte doch sämtliche Mayabücher vernichten lassen (außer den drei Codices). Woher also wollen wir Heutigen das Wissen der Maya kennen? Noch während die Spanier wüteten, gelang es einigen Priestern, sich zu verstecken. Und genauso, wie gläubige Muslime Sure für Sure ihres heiligen *Koran* aufsagen können, kannten die Priester die Geschichten ihrer Vorfahren auswendig. So begannen sie, neue Bücher zu schreiben. Das alte Wissen wurde auf neuem Papier verewigt. Es entstand das *Popol Vuh*. Das heilige Buch der Quiché-Maya. Niedergeschrieben mithilfe von spanischen Priestern in lateinischer Sprache. Dann folgten die *Chilam-Balam*-Bücher, bei denen es sich um historische Chroniken in der Mayasprache handelt, und schließlich die mexikanischen Bilderschriften.

Nach außen hin verhielten sich die Maya christlich. Freundlich besuchten sie die Gottesdienste, hielten sich an die Feiertage und verehrten die Mutter Jesu. Doch vieles davon war nur Schein. Wolfgang Cordan, ein weltbekannter Mayaexperte und Übersetzer des *Popol Vuh*, vermerkte:

*»Hispanisiert sind sie bis zum heutigen Tage nicht. Sie
haben ihre eigene Tracht, ihre Stammesorganisation
und ihre Sprache zäh bewahrt. Ihr Katholizismus ist
keinen halben Cent wert [...], in Chichicastenango
(Guatemala) verrichten sie auf einem Hügel Rauchop-
fer vor dem Standbild eines Fruchtbarkeitsgottes.«* [27]

Trotz der Christianisierung erzählten die Maya untereinander
weiterhin ihre eigenen Geschichten. Die Weisen unter ihnen
schrieben Bücher, doch handelte es sich dabei »um Dokumente, die für ein spanisches Publikum verfasst wurden«. [28]
Auch Hernán Cortés berichtete in vier Briefen an seinen König
Karl V., »das Heidentum der Wilden« sei kaum auszurotten.
[29] Im *Popol Vuh*, dem »Buch des Rates«, überlieferten sie ihre Entstehungsgeschichte. Die heutigen Fachleute streiten darüber, wie viel an dieser Genesis Wahrheit und was erfunden ist.
Ich persönlich kenne drei Ausgaben des *Popol Vuh*. Die älteste,
die aus dem Jahr 1857 stammt, wurde von Abbé Brasseur de
Bourbourg herausgegeben. [30] Das Entstehungsdatum der in
ihr enthaltenen Texte ist umstritten. Professor Schulze-Jena
meint, man könne nur vermuten, dass ein begabter Maya etwa
im Jahr 1530 die erste Niederschrift zu Papier gebracht habe.
[31] Dieses *Popol Vuh* besteht aus 56 Blättern im Format von
16 x 26 Zentimetern. Sie sind beidseitig beschrieben, und zwar
in der Form, dass sich links die indianische Variante und rechts
die spanische Übersetzung befindet. Trotzdem bleibt die Übersetzung ein Ratespiel. Ist beispielsweise von einem Kreuz die
Rede, so erkannten die Spanier darin das Kreuz Jesu. Die Maya
aber meinten das Kreuz des Universums. Tauchen im Mayatext
Jünglinge auf, die zum Sternbild der Plejaden fahren, wurde in
der spanischen Variante ein Märchen der Indios daraus. Don-

nergötter wurden zu Vulkanausbrüchen und die Herniederfahrt der Götter zum Erdbeben. Das Bild eines toten Hirsches stand bei den Maya für Dürre und eine Flamme für Idee. Wie sollte ein Spanier auf derartige Gedanken kommen? Das *Popol Vuh* beginnt mit den Sätzen:

> »*Dies ist der Uranfang der alten Kunde von dem, was hier den Namen Quiché hat [...]. Hier werden wir die alte Kunde beginnen von dem Anfang und dem Ursprung all dessen, was bei den Quiché, den Stämmen des Volkes, vorging. Damit werden wir uns befassen: Wie das, was verborgen war, enthüllt und kundgetan wurde, wie es hell wurde und durch die Erbauerin und den Schöpfer [...], und wie ihre Namen lauten.*« [31]

Einige Seiten später hält der indianische Autor korrekt fest, dass der Text erst in christlicher Zeit niedergeschrieben wurde, doch auf einer alten Schrift beruhe. Wie in der *Bibel* beginnt auch das *Popol Vuh* mit der Feststellung, am Anfang habe es weder Pflanzen noch Tiere noch Felsen gegeben, einzig und allein das Universum sei da gewesen. Keine Sonne habe geleuchtet.

> »Es gab keine Menschen, keine Tiere, keine Vögel, keine Fische und keine Krebse, kein Holz und keine Kräuter, auch keine Wälder. Es gab nur den Himmel.«

In dieser Schwärze bewegte sich der Gott Kukumatz in einem blauen Überzug. Sie nannten ihn »das Herz des Himmels«. Später kamen noch zwei Gesellen hinzu, und gemeinsam erschufen sie den Menschen. Das *Popol Vuh* lässt dazu wissen:

*»Dies sind die Namen der ersten Menschen, die erbaut,
erschaffen wurden. Der erste Mensch war Balamquitze,
der zweite dann Balamacab, der dritte dann Mahucu-
tahm, der vierte endlich Iquibalam. Das aber sind die
Namen unserer ersten Ahnen. Nur Gebaute, nur Ge-
schöpf wurden sie genannt, denn sie haben weder Mutter noch Vater. Keine Weiber haben sie geboren, und sie
wurden auch nicht als Söhne gezeugt [...], sondern ein
Wunder war es, dass sie erbaut wurden [...] vom Meister des Erschaffens, von den Mächtigen und von Kukumatz.« [31]*

Das deckt sich mit den Überlieferungen aller anderen Kulturen,
die behaupten, irgendwelche »Götter« hätten den Menschen geschaffen. Nichts da von einem evolutionären Prozess! Und auch
wenn wir am liebsten nicht daran erinnert werden möchten:
Dasselbe steht im 1. Buch Moses (ab Vers 26) der *Bibel*. Dort
schuf »Gott« die Menschen nach seinem Ebenbild. Was sonst?

Bereits im *Popol Vuh* wird über andere Rassen berichtet:

*»Da waren viele dunkle und helle Menschen, Menschen
vieler Stände, Menschen mannigfaltiger Zunge.«*

Vergleichbar der *Bibel*, in welcher die Propheten Henoch und
Elias »in den Himmel« entrückt werden, erleben auch im *Popol Vuh* einige Menschen eine Himmelfahrt:

*»Das war ihr Abschied. Über die Höhen des Berges Ha-
cavitz entschwanden sie. Von ihren Frauen und Kindern
wurden sie nicht bestattet, niemand sah ihren Weggang.«*

Bild 3: Kaaba in Mekka

Unweigerlich denkt man, die in Zentralamerika lebenden Maya hätten ihr Wissen von den christlichen Missionaren übernommen. Geht aber nicht! Ihre Überlieferungen existierten bereits *vor* den Eroberungen der Spanier.

Im Alten Testament wird durch Priester ein höchst wichtiges Objekt ihres Gottes – die Bundeslade – herumgetragen. Dasselbe geschieht auch im *Popol Vuh*:

> *»Und Balamquitze hinterließ ein Wahrzeichen seines Wesens: ›Das diene euch zur Erinnerung an mich. Was ich hier für euch zurücklassen werde, soll eure Kraft sein‹, sprach er. Und er hinterließ als Wahrzeichen seines Wesens die ›verschnürte Kraft‹. Fürwahr, es ist völlig zugeschnürt, man bindet es nicht auf, man erkennt nicht, wie es genäht ist.«*

Etwas wie die Bundeslade oder wie der heilige, schwarze Stein in der Kaaba von Mekka? (**Bild 3**) Die heutige Wissenschaft

hält diesen Stein für einen Meteoriten, doch die gläubigen
Muslime versichern, der Erzengel Gabriel habe ihn auf der Erde deponiert. Analog dazu fällt mir der geheimnisvolle Spiegel
ein, den die Sonnenkönigin Amaterasu dem Gründer des japanischen Königreichs übergab. Der Spiegel wird bis heute im
Inneren eines Tempels auf der Insel Honshu aufbewahrt. Ein-
gepackt in viele Schichten von Tüchern. Oh ja, auf der Erde
existieren sehr wohl einige außerirdische Gegenstände, doch
die jeweiligen Religionen verhindern eine wissenschaftliche
Analyse.

Ich wies schon darauf hin, dass sich zu Zeiten der Bücherver-
brennung in Zentralamerika Priester versteckten und neue Bücher mit ihrem alten Wissen niederschrieben, die *Chilam-Balam*-Bücher. Verfasst zwar in lateinischen Buchstaben, aber in
yucatánischer Sprache, dem Mayathan. »Chilam« bedeutet so
viel wie »Prophet« oder »Übersetzer der Götter«. Und »Balam«
heißt »Jaguar«. Insgesamt existieren siebzehn dieser *Chilam-
Balam*-Bücher. Man unterscheidet sie durch die Hinzufügung
des Ortes, an dem sie aufbewahrt wurden. So gibt es das *Chilam-Balam*-Buch von Mani, jenes von Chumayel, von Ixil, von
Tekax und so weiter. Die Bücher wurden von mehreren Priestern zusammengestellt und sind für die heutigen Übersetzer
eine schwer durchschaubare Lektüre. Im *Chilam-Balam*-Buch
von Chumayel liest sich die Erschaffung der Erde so:

> »*Dies ist die Geschichte der Welt, wie sie in alten Tagen
> niedergeschrieben wurde, denn die Zeit ist noch nicht
> vorüber, derartige Bücher zu machen […], sodass die
> Mayaleute erfahren mögen, wie sie in diesem Land ge-
> boren wurden […]. Es geschah im Katun 11 Ahau*

*[= Datum], als Ah-Mucencab [= herniederfahrender
Gott] erschien. Damals war es, als das Feuer hernieder-
fuhr, dann fiel das Seil hernieder.«* [32]

Am Rande: Das Wort Yucatán entstand durch ein Missver-
ständnis: Bei den ersten Begegnungen der Spanier mit den
Eingeborenen bemühte man sich, mit Händen, Füßen und
Mimik zu kommunizieren. Die Spanier wollten wissen, ob das
Land, in dem sie sich befänden, einen Namen habe. Ein Maya
antwortete: »Ci-uthan« – und das bedeutete »wir verstehen
euch nicht«. Die Spanier nahmen an, dies sei der Name des
Landes …

Abbé Brasseur de Bourbourg war es auch, der in einer alten
Bibliothek in Mexiko den *Codex Chimalpopoca* aufstöberte.
Dort wird von einem dramatischen Weltuntergang berichtet:

*»Die zweite Sonne war gegründet. Vier Jaguar war ihr
Zeichen. In ihr ereignete es sich, dass der Himmel ein-
stürzte, dass die Sonne damals nicht ihren Weg verfolgte. Mittag war es gerade eben – gleich darauf ward
es Nacht […]. In dieser Zeit geschah es, dass es Feuer
regnete und die Bewohner daher verbrannten. Und es
regnete steinige Sande. Die Alten erzählen, damals
wurden die Sande verstreut, die wir jetzt sehen, […]
und damals lagerten sich ab die verschiedenen rötli-
chen Felsen.* [33]

Der Tag soll sich abrupt in die Nacht verwandelt haben? Wird
hier von einem Polsprung berichtet? Heutige Fachleute meinen, es habe sich lediglich um eine Sonnenfinsternis gehan-

delt. Das ist Unsinn. Die Maya kannten Sonnenfinsternisse, diese dauerten gerade einmal einige Minuten. Zudem besaßen die Maya ihre Finsternistafel, in der alle Finsternisse abzulesen waren. Der *Codex* beschreibt zudem, wie die Menschen ziellos umherirrten, Götterbilder mitschleppten und in Höhlen und auf Berggipfeln Schutz vor den Gewalten suchten. Das Szenario wird im *Popol Vuh* bestätigt:

> *»Keinen Schlaf gab es für die, keine Ruhe. Groß war ihr Wehklagen […], weil der Tag nicht anbrechen, es nicht hell werden wollte. Verzagtheit war in ihren Mienen, große Trauer und Niedergeschlagenheit kam über sie, verwirrt waren sie vor Pein […]. Sähen wir doch nur, wie die Sonne geboren würde, sagten sie und redeten viel miteinander […].«* [31]

Es ging niemals um eine Sonnenfinsternis. Irgendeine Katastrophe hatte die Erde verdunkelt. Und der Zustand dauerte tagelang an, denn Menschen und Tiere rückten vor der Kälte zusammen. Dann – wenn auch erst zögerlich – erfüllte wieder das Licht die Erde:

> *»Dann aber wehklagten sie, weil sie noch immer nicht die Wiedergeburt der Sonne sahen […]. Und dann kam die Sonne hervor. Und es freuten sich kleine und große Tiere, sie standen allesamt an den Flussläufen. Und die Menschen, die auf den Gipfeln der Berge waren, hefteten ihre Blicke dahin, wo die Sonne hervorkam.«*

Derselbe Weltuntergang wird auch in *Die Geschichte der Königreiche von Colhuacan und Mexiko* festgehalten:

> *»In jener Zeit gingen die Menschen zugrunde. Damals ging die Sonne zugrunde […], sie wurden vom Feuerregen übergossen […], einen ganzen Tag lang regnete es Feuer.«* [34]

Weltuntergänge wurden von vielen antiken Autoren beschrieben. Dazu gehörte selbstverständlich auch die Variante, bei der unsere Erde durch eine Überflutung zu Schaden kam – die Sintflut. Höchst verblüffend dabei sind einige Gemeinsamkeiten in diesen Fluterzählungen, die es eigentlich nicht geben dürfte. Im Hochland von Kolumbien lebt das Volk der Kagaba. Ein Indiostamm, abgeschieden vom Rest der Welt. Sie berichten, nach der Flut seien die Götter erneut vom Himmel gestiegen:

> *»Nun waren alle zugrunde gegangen, und die älteren Brüder stiegen alle wieder vom Himmel herab.«* [35]

Die babylonische Königsliste weiß dasselbe zu berichten:

> *»Nachdem die Flut über die Erde hinweggegangen, stieg das Königtum abermals vom Himmel hernieder.«* [36]

Nicht anders ist es im *Gilgamesch-Epos* zu lesen, das vor rund 5000 Jahren niedergeschrieben wurde. Da entzündete Utnapischtim, der Überlebende der Flut, ein Feuer:

> *»Die Götter rochen den Duft; angenehm stieg den Göttern der Duft in die Nase. Wie Fliegen versammelten sich die Götter über dem Opfer.«* [37]

Die Missionare, die Zentralamerika christianisierten, konnten nichts von einem *Gilgamesch-Epos* wissen, denn das wurde erst bei den Ausgrabungen von Ninive um die Mitte des 19. Jahrhunderts entdeckt. Woher also die Querverbindungen? In der heutigen Fachliteratur wird diese Frage nicht behandelt. Man zuckt mit den Achseln und meint, es müssten wohl vor Jahrtausenden Kontakte zwischen weit entfernten Kontinenten bestanden haben. Eindeutig. Der Stamm der Hopi-Indianer in Arizona weiß mehr darüber. Vor 40 Jahren unterhielt sich der NASA-Wissenschaftler Josef Blumrich mit White Bear, dem damals Ältesten seines Volkes, über die Urgeschichte der Hopi. White Bear war Angehöriger des Coyoten-Clans und Vorsitzender des Stammesgerichtes. Blumrich veröffentlichte seine Gespräche mit White Bear in seinem Buch *Kasskara und die sieben Welten*. [38]

Zuerst stellt White Bear fest, dass »die Zeit« unwichtig sei:

> »*Wenn ich dir unsere Geschichte erzähle, musst du daran denken, dass die Zeit nicht viel zu bedeuten hatte. Heutzutage erscheint die Zeit wichtig. Zeit macht alles kompliziert. Zeit wird zum Hindernis. Aber in der Geschichte meines Volkes war die Zeit nie wichtig. Genauso wenig wie für den Schöpfer selbst.*«

Wie bei den Völkern Zentralamerikas kennt auch die Geschichte der Hopi mehrere Zeitalter. Ihre Vorfahren lebten vor vielen Jahrtausenden auf einem Kontinent im pazifischen Raum. Sie nannten ihn Kasskara. Eines Tages begannen die Wasser zu steigen, und Kasskara wurde langsam überflutet. Die Hopi mussten sich entschließen, auszuwandern. Irgendwohin. In jener Zeit tauchten die Katchinas am Firmament auf. Das waren körperliche Wesen vom Planeten Toonaotekha. Die Katchinas halfen den Hopi bei ihrem Exodus, der sie vom pazifischen Raum nach Südamerika führte. Er vollzog sich mit »fliegenden Schilden«. White Bear verglich die Form dieser »fliegenden Schilde« mit einer Kürbishälfte, ähnlich den »Himmelsbarken« im Alten Ägypten. Beispielsweise denjenigen im Totentempel von Rames II. oder auf dem astronomischen Fries des Tempels von Edfu. Eine Überlieferung von den Gesellschaftsinseln im Stillen Ozean verwendet das Bild von »fliegenden Muscheln, die ursprünglich aus der Schwärze des Alls« kamen. [39] Nicht anders ist es auf Kiribati, einer Inselgruppe Mikronesiens. Dort fliegt der Urgott mit dem Namen Nareau »in einer Kokosnussschale« hernieder. Und auf der Osterinsel ist es Makemake, der »Bewohner der Lüfte, der die Ureinwohner in einem hohlen Ei« ansteuerte. [40] White Bear berichtete dem NASA-Mann Josef Blumrich:

> *»Nicht alle Menschen, welche in die Vierte Welt kamen, waren Hopi. Wir sollten besser sagen, dass unsere Urahnen unter diesen Menschen waren. Von den vielen, die nach Südamerika gelangten, wurden nur diejenigen Hopi genannt, die schließlich nach Oraibi gelangten. Sie wurden erst dann Hopi genannt, als sie dort aufgenommen waren.«* [38]

Innerhalb der Hopi-Familie trennten sich kleinere Gruppen vom Hauptstamm und siedelten sich irgendwo auf der Strecke zwischen (dem heutigen) Chile und dem US-Bundesstaat Arizona an. Ausführlich schilderte White Bear den Ort Palatquapi. Kein Hopi würde dieses Palatquapi jemals vergessen, denn dieser Ort sei von den Göttern bewohnt gewesen. In Palatquapi gebe es ein dreistöckiges Gebäude, das ausschließlich dem

Unterricht der Menschen gedient habe. Im Erdgeschoss lernten die jungen Indios die Geografie des Landes, im ersten Stock das, was wir heute mit Naturkunde bezeichnen, im zweiten »den Aufbau der Stoffe« (Chemie) und die Kräfte des Geistes, und im dritten Stockwerk die Himmelskunde (Astronomie). Die Lehrkräfte waren die Katchinas. Seit jener Zeit stellen die Hopi sogenannte Katchina-Puppen her. Diese Puppen, die heute auch in Souvenirläden verkauft werden, gleichen Menschen im Astronautenlook. Geschlossene Anzüge – geschlossener Helm. **(Bilder 4 + 5)** Sie sollen die junge Generation ebenso wie die Besucher des heutigen Hopi-Territoriums in Arizona stets daran erinnern, woher das ursprüngliche Wissen stammte, doch auch daran, dass die Katchinas versprochen hatten, in einer fernen Zeit zurückzukehren. Und Palatquapi, jener Ort des Lernens, heißt heute Palenque und befindet sich in Mexiko. Das dreistöckige Gebäude, über das White Bear berichtete, nennt man »el Palacio« (der Palast). In diesem Gebäude gibt es mehrere steinerne Toiletten, durch die Wasser fließt. Praktisch für Lehrkräfte und Studenten. Im Zentrum des Bauwerks, auf einem massiven Sockel, steht ein 15 Meter hoher Turm. Seine Bauweise ist überhaupt nicht mayatypisch. Man nennt ihn »das Observatorium«. **(Bild 6)** Dass der Turm diesem Zweck diente, kann sein – muss aber nicht, denn die Pyramiden ringsum sind höher als der Turm. Astronomische Beobachtungen wären von den Pyramidenspitzen aus leichter gewesen als vom Turm aus. In den Untergeschossen befinden sich verschiedene Räume und Gänge. Der längste unter ihnen misst 20 Meter. Der Mayaarchäologe Sir John E. S. Thompson vermutete, diese Gänge »seien für kleine religiöse Gaukeleien benutzt worden«. [41] Und Pierre Ivanoff, auch er ein Fachmann in Bezug auf die

Bilder 4 und 5:
Katchina-Puppen der
Hopi-Indianer

Bild 6: Turm in Palenque, Mexiko

Maya, meinte lapidar: »Erwähnt sei auch das Vorhandensein von Untergeschossen oder vielleicht Kellerräumen, die jedoch keinerlei Besonderheit hatten.« [42] Weshalb sollten die Maya Räume anlegen und mit farbigen Glyphen schmücken, wenn sie »keinerlei Bedeutung« hatten? Den Vogel abgeschossen hatte aber der Geograf Herbert Wilhelmy. Er hielt die Kammern für »Schwitzbäder«. [43] Toll! Da bauten die Maya also ein dreistöckiges Gebäude mit Gängen und Räumen, verzierten es mit farbigen Hieroglyphen – für eine Sauna. Und dies in einem feuchtheißen Klima. Heiliger Himmel, hilf!

Die heutige Mayaarchäologie bezeichnet alle größeren Gebäude als Tempel, und jeder dieser »Tempel« trägt sein eigenes Datum:

- Tempel des Kreuzes: 2. Februar 3379 v. Chr.
- Tempel der Sonne: 21. Dezember 2619 v. Chr.
- Tempel des Blattkreuzes: 8. Januar 2618 v. Chr.

Zusätzlich wimmelt es an den Tempelwänden von »unmöglichen« Kalenderdaten. Man fand solche von 144 000 Tagen [44], doch auch Zyklen von 370 000 Jahren [45]. Eine Inschrift ergibt sogar 455 393 401 Tage – das entspricht 1 247 653 Jahren. Derartige Zyklen können mit der Menschheitsgeschichte nichts mehr zu tun haben. Es ging immer um Götter, und die lassen sich eindeutig als Außerirdische identifizieren. Die Erklärung für die unmöglichen Jahreszahlen liegt vermutlich in den Zeitverschiebungen bei der interstellaren Raumfahrt. Wie soll das gehen?

Sobald ein Raumschiff eine sehr hohe Geschwindigkeit, die sich im Bereich der Lichtgeschwindigkeit bewegt, erreicht (und ohne diese ist Raumfahrt von Stern zu Stern unmöglich), tritt ein Effekt auf, den man Zeitdilatation nennt. Man stelle sich Zwillinge vor, von denen einer ins Weltall reist und der andere auf der Erde bleibt. Vor dem Start haben beide ihre Uhren und Kalenderdaten verglichen. Nach der Rückkehr stellen die Zwillinge fest, dass der Weltraumfahrer viel jünger geblieben ist als sein Bruder auf der Erde. Oder der Bruder ist – wenn sich der Zeitdilatationseffekt besonders stark auswirkt – bereits vor Jahrtausenden gestorben. Weshalb? Weil alle physikalische Prozesse in bewegten Systemen anders ablaufen. Dies ergibt sich aus Einsteins Allgemeiner Relativitätstheorie und wurde auch experimentell bewiesen. Bereits im Jahr 1971 verfrachtete eine Physikergruppe der Universität Washington und des Naval Observatory einen Präzisionszeitmesser in eine Boeing 707. Eine zweite Messapparatur blieb im Laboratorium. Das Flugzeug flog um die Erde. Nach der Landung wurden die Zeitmesser verglichen. Die »Uhr« im Flugzeug zeigte 273 Nanosekunden weniger als der Zeitmesser im Labor. (Eine Nanosekunde ist der Milliardste Teil einer Sekunde.) Errechnen lässt sich diese Zeitverschiebung durch die sogenannte Lorentz-Transformation (eine algebraische Gleichung.) Bei einer konstanten Beschleunigung von 1 g (= 9,81 m/s2; Gravitation/Erdanziehung) ergeben sich folgende Werte für die jeweils vergangene Zeit:

Raumfahrer		Erdbewohner
10 Jahre	=	24 Jahre
30 Jahre	=	3100 Jahre
40 Jahre	=	36 000 Jahre
45 Jahre	=	121 000 Jahre
50 Jahre	=	420 000 Jahre

Das sind teils gigantische Zeitunterschiede – und die phänomenalen Regierungszeiten bestimmter Herrscher werden verständlich. Sie waren Raumfahrer und kehrten von Zeit zu Zeit
auf die Erde zurück. Nichts anderes vermitteln letztlich sämtliche Religionen: Alle warten auf die Rückkehr ihres jeweiligen Heilsbringers. Heißt er nun Jesus, Mohammed, Buddha,
Messias oder XY.

Zurück auf die Erde: Vor einem Hügel in der Südwestecke von
Palenque steht der *Templo de las Inscripciones* – der Tempel der Inschriften. **(Bild 7)** In Wirklichkeit ist
es eine Pyramide, auf die eine breite

Bild 7: Tempel der Inschriften,
Palenque, Mexiko

Treppe mit sechzig Stufen führt. Dort oben fand der Archäologe Dr. Alberto Ruz Lhullier 617 Mayahieroglyphen – deshalb die Bezeichnung *Templo de las Inscripciones*. Und im Inneren der Pyramide eine echte Sensation, über die ich in früheren Büchern berichtete. [18, 25, 26] Hier eine Zusammenfassung:

Bild 8: Tempel der Inschriften, Treppe

Im Jahr 1949 wirkte der mexikanische Archäologe Dr. Alberto Ruz Lhuillier als Chefausgräber in Palenque. Eher zufällig bemerkte er eine kleine Rille im Boden der obersten Plattform des *Templo de las Inscripciones*. Neugierig geworden, setzte er einen kleinen Hebel an und entdeckte eine Platte. Schwerere Hebel wurden herangeschafft, und es gelang, die Platte langsam hochzuwuchten. Drei Treppenstufen wurden sichtbar, die ins Innere der Pyramide führten. Doch damals – 1949! – war das Innere (zum Vergleich: das »Treppenhaus«) komplett mit Schutt und Geröll ausgefüllt. Irgendwer musste die Treppe zugeschüttet haben. Mit Schaufeln und Spitzhacken wurde Stufe für Stufe freigelegt. **(Bild 8)** Die Hitze, die Feuchtigkeit und eine Armada von Stechmücken machten die Arbeit zur Qual. Es fehlte an Sauerstoff innerhalb der Pyramide. Am Ende der ersten Grabungssaison waren gerade einmal 23 Stufen freige-

legt worden. Im Jahr darauf weitere 21. Im Jahr 1950 war die
45. Stufe erreicht. Die Treppe endete in einem kleinen Raum,
und hinter einer U-Krümmung tauchte eine neue Treppe auf.
Elektrisches Licht und ein Ventilator wurden installiert. Weitere 13 Stufen führten in die Tiefe unter den *Templo de las In-
scriciones*. 1952 – 3 Jahre nach Grabungsbeginn – entdeckte
man eine Wand, in die ein kleiner Tonbehälter eingemauert
war. Er enthielt zwei goldene Ohrringe, sieben Schmuckstücke
aus Jade, drei beschriftete Tonplättchen und eine Perle von
13 Millimetern Durchmesser.

Am 15. Juni 1952 stand Dr. Ruz Lhuillier mit seiner Mann-
schaft vor einer kuriosen dreieckigen, senkrechten Platte in
einer Mauer. Am unteren Ende eine Ritze. Millimeterweise
wurde die Platte aufgebrochen. Dr. Ruz Lhuillier richtete den
Lichtschein einer Stablampe auf die Rille, presste sein Gesicht
darauf und schilderte den Männern hinter ihm, was er sah:

>»*Zuerst bemerkte ich einen großen, leeren Raum, eine
Art von Eisgrotte, deren Wände und Decke mir vorka-
men wie perfekte Flächen, wie eine aufgegebene Kapelle, von deren Decke ganze Vorhänge von Stalaktiten
hingen, als ob es dicke, tropfende Kerzen wären.*« [46]

Am Boden glitzerte es von Kristallsplittern, von der Decke
hingen über 3 Meter lange Tropfsteine. Auf der Bodenplatte
ein phänomenales Relief. (Ich zeigte es bereits 1968 als Titel-
bild meines Erstlingswerkes *Erinnerungen an die Zukunft*
[47].) Hätte man doch damals, 1952, nur einen einzigen der
Tropfsteine aufbewahrt, so ließe sich daraus ein Datum seiner
Entstehung ableiten. Tropfsteine bilden sich von der Decke

herab, vergrößern sich Jahr für Jahr um einige Milli- oder
Zentimeter. Dabei wachsen sie aus einer Kalksteinschicht
schneller als etwa aus Granit. Jetzt maß die von Dr. Ruz Lhuillier entdeckte Kammer 7 Meter Länge, 4 Meter Breite und
7 Meter Höhe **(Bild 9)** – letzterer Wert eine gewaltige Distanz
für die Tropfsteinbildung. Für Tropfsteine muss Wasser in die
Gesteinsritzen dringen. Doch während der Jahrhunderte, in
denen der *Templo de las Inscripciones* benutzt wurde, sickerte
mit Sicherheit kein Regen durch irgendwelche Ritzen. Weil es
keine gab. Die Maya pflegten ihre Bauwerke sorgsam. Erst
Jahrzehnte nachdem die Maya ihre Stadt verlassen hatten,
wurden die Risse in der Außenhaut des Bauwerkes nicht mehr
mit Mörtel ausgefüllt. Wie alt also muss diese unterirdische
Krypta sein? Den Boden des Raums bedeckte eine Steinplatte
von 3,8 Metern Länge und 2,2 Metern Breite – ein aus einem
einzigen Block bestehender Monolith von 9 Tonnen Gewicht.
Ringsum mit Mayaglyphen versehen. Unter dieser Bodenplatte fand sich ein 20 Tonnen schwerer Sarkophag mit den Ge-
beinen eines Mannes. Die Fachleute sind überzeugt, es handle
sich dabei um die Knochen des jungen Priesters Pakal (603–
683 n. Chr.). Er soll als 12-Jähriger, also 615, auf den Thron
gekommen sein und fast 70 Jahre regiert haben. In der Grabkammer fand man Jahreszahlen, die angeblich mit den Jahren
603 und 633 n. Chr. identifiziert wurden. In Wirklichkeit zeigen sie jedoch Zyklen, die sich alle 52 Jahre wiederholen. Die
bisherigen Datierungen gehen ohnehin nicht auf. Man kann
die Lebens- beziehungsweise Regierungszeit von Pakal nicht
auf 603–683 respektive 615–683 n. Chr. festlegen und gleichzeitig unterstellen, das jüngste Datum auf der Platte sei das
Jahr 633 n. Chr. Dann wäre die Platte 50 Jahre vor dem Tod
von Pakal angefertigt worden. Bei der Präzision der Maya in

Bild 9: Grabkammer unter dem Tempel der Inschriften

allen Lebensdingen glattweg unmöglich. Außerdem widerspricht die gesamte Datierung um diesen Pakal der Realität. Weshalb?

Die Kammer unter dem *Templo de las Inscripciones* muss definitiv *viel älter sein* als die darüber befindliche Pyramide. Die Begründung für diese meine Aussage ist einfach: Schon allein die Grabplatte (3,8 x 2,2 Meter) wäre unmöglich innerhalb des Bauwerkes die Treppe hinunterzutransportieren gewesen. Dazu war das Treppenhaus viel zu eng, ganz zu schweigen von den U-Kehren, die auch das Transportieren des 20-Tonnen-Sarkophags verhindert hätten. Also mussten irgendwelche

Vorfahren der Maya zunächst einmal ein tiefes Loch in die Erde graben, dort eine Gruft anlegen, den Sarkophag einbringen und diesen mit der Platte abdecken. Erst viel später konnte eine Pyramide *darüber* errichtet werden.

In neuerer Zeit gerät die gesamte Mayaarchäologie ohnedies durcheinander. Seit einigen Jahren wird der Dschungel von Guatemala und Honduras aus der Luft mit der sogenannten LIDAR-Technologie (Light Detection and Ranging) abgetastet. Dabei wurden auf einer Fläche von rund 2000 Quadratkilometern sage und schreibe 964 Mayasiedlungen entdeckt, die allesamt mit Straßen untereinander verbunden sind. »Es handelt sich um das älteste Straßensystem der Welt«, sagte Prof. Dr. Richard Hansen von der Idaho State University. [48] Und sein Kollege Marcello Canuto, Professor für Anthropologie und Direktor des Instituts für mittelamerikanische Forschung an der Tulane University (USA), ergänzte: »Die Maya hatten weder Tiere für den Transport von Gütern noch Wagen mit Rädern und unterhielten trotzdem ein gigantisches Straßennetz.« [48]

Irgendetwas Entscheidendes entgeht unseren Mayaarchäologen. Wir müssen (wieder einmal!) umdenken. Die gestern gezogenen Schlüsse über Zentralamerika sind genauso wacklig wie diejenigen in Bezug auf die europäische Steinzeit. Dort passen die Tatsachen – geometrisch geordnete Menhirkolonnen – nirgendwo in eine Steinzeitkultur. Der modernen Archäologie fehlt der Mut, die alten Denkmuster wegzuräumen.

Über die Grabplatte von Palenque sind ganze Bücher geschrieben worden, und jeder Gelehrte hat eine andere Meinung. Früher herrschte die Ansicht, es handle sich bei dem Abgebildeten um den Maisgott (Hun Nal Yeh). Heute ist unbestritten, dass das Porträt auf der Platte den Mayaherrscher Pakal darstellt. Dies deshalb, weil sein Name auf der Platte auftaucht. Hinsichtlich der zusätzlichen Gravuren herrscht keine Einigkeit. Der Fachmann Marcel Brion erkannte eine Maske, die den Gott der Erde, den Tod, darstellt. Pierre Ivanoff sah eine Verbindung zur Unterwelt und »die Inkarnation der keimenden Natur«. [42] Miloslav Stingl, Ethnologe und Mitglied der Tschechischen Akademie der Wissenschaften, meinte, dass hier »die Menschengattung schlechthin« sowie Maisblätter, aus denen sich »zu beiden Seiten doppelköpfige Schlangen hervorwinden«, dargestellt seien. [49] Nach wie vor geistert auch der Gedanke, es handle sich um die Darstellung des »aufgerissenen Mundes des Erdungeheuers«, durch die Fachliteratur. Und Prof. Dr. Linda Schele wollte dereinst ein »Erdmonster« und einen »kreuzähnlichen Baum, dessen Äste in Schlangenköpfen enden«, erkannt haben. [50] Gut nur, dass schließlich die beiden Topspezialisten der Mayaepigrafik (= Entzifferung), David und Georg Stuart, mit dem Deutungswirrwarr aufräumten. Sie stellten eindeutig fest, dass die Darstellungen auf der Grabplatte von Palenque »ein zusammengestelltes Modell des Kosmos« zeigen. [51] Alle Mayaglyphen weisen auf das Universum hin. Sahen frühere Interpreten auf der Platte den Herrscher Pakal, der in ein Erdungeheuer hineinstürzte, erkennen Stuart und Stuart den *aufsteigenden* Pakal.

»Diese Deutung wird klar durch die Sonnenschüssel gezeigt, welche im hieroglyphischen Text mit dem Zeichen ›el‹, das bedeutet ›steigen‹ oder ›brennen‹, gebraucht wird […]. Pakal steigt aus der Erde Richtung Sonne herauf.« [51]

Wohin soll dieser Pakal entschwunden sein? Eine der Inschriften im *Templo XIX* von Palenque beschreibt das Ziel
»im Himmel« [51] oder, moderner ausgedrückt, im Universum. Und was ist mit dem bisherigen »Lebensbaum« oder
»Lebenskreuz«? Stuart und Stuart sehen darin das »Kreuz des
Universums« der Maya. Alle bisherigen Interpretationen lagen demnach falsch. Die Grabplatte von Palenque spiegelt

Bilder 10 und 11: Grabplatte mit dem jugendlichen Pakal

keinen König Pakal wider, der in ein ominöses Erdungeheuer hineinstürzt, zeigt weder »stilisierte Barthaare des Wettergottes« oder »Stoßzähne eines Monsters« [46], sondern den Herrscher Pakal, der ins Weltall hinausfliegt. Zu den Göttern – wohin sonst? Vielleicht war er selbst ein Abkömmling jener himmlischen Lehrmeister, von welchen die antike Mayaliteratur berichtet. Ich zeigte diese Grabplatte in mehre-

ren Büchern und behandelte die Geschichte ihrer Entdeckung
ausführlich. (In: *Der Tag, an dem die Götter kamen* [18] ab
Seite 27.) Auch als 88-Jähriger bleibe ich bei meiner Ansicht,
und jedermann, der die phänomenale Darstellung darauf un-
voreingenommen betrachtet, stimmt mir zu. Der Zeitgeist hat
sich geändert. **(Bilder 10 + 11)**

Bei uns »Westmenschen« herrscht die Meinung vor, jene in-
digenen Völker im fernen Zentralamerika seien untereinander
stets friedlich und überaus weise gewesen. Die zerstörerischen
Auseinandersetzungen, die zur Vernichtung der dortigen Kulturen beitrugen, hätten erst mit den Spaniern begonnen. Wir
hätten den Krieg zu den friedvollen Völkern gebracht. Irrtum!
Als Hernán Cortés den Aztekenherrscher Moctezuma bat, einen Tempel besichtigen zu dürfen, war er, als ihm der Wunsch
erfüllt wurde, entsetzt. Wände und Treppen waren mit Blut
beschmiert, auf einem Stein lagen drei Menschenherzen. In
den Gängen stank es wie in einem Schlachthaus, überall lagen
verweste Kadaver. Auf einem Hügel stand ein großes Holz-
haus, und darin befanden sich – sie wurden gezählt – über
130 000 Schädel. In der *Geschichte der Königreiche von Colhuacan und Mexiko* [3] ist nachzulesen:

> *»Und die, mit denen die Einweihung vollzogen wurde,
> waren Gefangene, welche geopfert wurden. Es starben
> 16 000 Tzapteca, 24 000 Tlappaneca, 16 000 Huexot-
> zinca, 24 400 Tziuhcohuaca.«*

Das allein sind schon rund 80 000 Tote. Oft führten die meso-
amerikanischen Stämme nur deshalb Kriege, »um einen ge-
nügenden Vorrat an Menschenblut anzulegen, ohne das eige-

ne Menschenreservoir zu erschöpfen«. [17] Sie meinten, wenn die Sonne nicht mit Blut »ernährt« werde, würde sie erlöschen. Dabei kamen grausame Rituale zur Anwendung. Das bekannteste verlief so: Auf der obersten Plattform einer Pyramide drückten zwei Männer das Opfer auf einen Stein. In ein vor Farben strotzendes Gewand gekleidet, geschminkt und mit Federn geschmückt, setzte ein Priester ein Obsidianmesser auf die Brust des Opfers, schnitt sie auf und riss das noch zuckende Herz heraus. Wie eine Trophäe wurde es hochgehalten und dann – ausgeblutet – die Treppe hinuntergeworfen.

Die spanischen Chronisten berichteten auch noch über eine weitere Zeremonie bei den Maya. Zuerst tanzte das Opfer ahnungslos mit den Männern des Stammes, dann wurde es auf der Brust mit einem Zeichen markiert und an einen Holzrahmen gebunden. Anschließend diente es als Zielscheibe. Jeder Teilnehmer schoss einen Pfeil in den wunden Leib. Das durchlöcherte Herz wurde schließlich aus der Brust herausgeschnitten. Bemerkenswert: Die Opfer ließen sich widerstandslos abschlachten, denn sie glaubten, sie würden ihr Blut für das Leben der Sonne und damit für das Bestehen des eigenen Volkes hergeben. Zu Zeiten der spanischen Eroberer waren die ursprünglichen Lehrmeister, jene Götter aus dem Weltall, längst entschwunden. Sie hätten das mörderische Treiben sofort abgestellt.

Weshalb nur unterhielten die Maya gepflasterte Straßen, und dies gleich über mehrere Hundert Kilometer, wenn sie doch weder das Rad noch Tragtiere kannten? Allein sechzehn dieser Straßen begannen (oder endeten) in Coba im Norden des heutigen mexikanischen Bundesstaates Quintana Roo. Neueste Satellitenbilder zeigen viele helle Bänder in der dunkelgrünen Vegetation des Dschungels. Eine dieser Straßen führt von Coba aus über Yaxuná, Chichén Itzá und Mayapán nach Uxmal. Das sind 300 Kilometer. Sämtliche Straßen sind mit zerstoßenen Steinen gepflastert und mit einem hellen Belag überzogen worden. Die Straße von Coba nach Yaxuná ist streckenweise 15 Meter breit – breit genug also, um vier Karren nebeneinander vorbeiziehen zu lassen. Doch die Maya kannten keine Karren, behaupten die Fachleute …

Und wie soll ein Steinzeitvolk wie die Maya das mit dem Straßenbau verbundene Vermessungsproblem gelöst haben? Sie kannten weder den Kompass noch irgendwelche geodätischen Hilfsmittel. Das Gebiet ist flach wie eine Bratpfanne und von dichter Vegetation überwachsen. Weit und breit kein Berg, von dem aus man Zeichen hätte geben können. Leuchtfeuer sind im Gelände gerade einmal einige Kilometer weit zu sehen. Jetzt geht es aber nicht um schnurgerade Strecken, sondern um solche mit lang gezogenen Kurven. Wasserläufe und Sümpfe wurden von den Maya nivelliert. Sie bauten sogar Unterführungen. Wozu? Für Schlitten? Dann müssten sich die Kufen in den Boden eingedrückt, also Spuren hinterlassen haben. Nichts davon existiert im Gelände. Vermutlich liegen wir mit unseren Lehrmeinungen total daneben. Zu erkennen, dass man falsch lag, ist schließlich nur das Eingeständnis, dass man heute mehr weiß als vorgestern. In meinen Büchern beschrieb und zeigte ich die astronomische Ausrichtung der Pyramide von Chichén Itzá mehrmals. (In: *Was ist falsch im Maya-Land?* auf den Seiten 118–125.) Die damaligen Mayaarchitekten verewigten die wichtigste all ihrer Botschaften in Stein: die Herniederkunft ihres Gottes Kukulkan. Und nicht nur das, sie verkündeten es auch im *Chilam-Balam*-Buch von Tizimin:

>»*Sie stiegen von der Straße der Sterne hernieder […].*
> *Sie sprachen die magische Sprache der Sterne des Him*
> *mels […]. Ja, ihr Zeichen ist unsere Gewissheit, dass sie*
> *vom Himmel kamen […], und wenn sie wieder vom*
> *Himmel herniedersteigen, werden sie neu ordnen, was*
> *sie einst schufen.«* [52]

Mit dieser Aussage, festgehalten im *Chilam-Balam*-Buch von Tizimin, ist der Beweis erbracht. Einst weilten Außerirdische auf der Erde. Das »Tüpfelchen auf dem i« ist der Startschuss des Mayakalenders am 11. August 3114 v. Chr. Der begann, weil an jenem Tag Götter aus dem All herniederstiegen. Damit könnte ich meine über 60 Jahre andauernde Recherche beenden. Was braucht's noch mehr? Doch die Menschheit im Jahr 2023 n. Chr. nimmt nichts von alldem zur Kenntnis. Nicht etwa, weil diese Gesellschaft, in der ich gerade lebe, zu dumm dazu wäre – nein, sie weiß es ganz einfach nicht. Und weil die Wissenschaft der Gegenwart sich immer noch von den Gedanken an Außerirdische abwendet, werden die haarsträubendsten Ausreden herbeigezerrt, um das neue Denken zu beerdigen. So erklärte mir ein akademischer Kritiker, die Aussage im *Chilam-Balam*-Buch von Tizimin beschreibe überhaupt keine Außerirdischen, sondern schlicht und ergreifend nur einen Sonnenuntergang. [53] Prima! Einen Sonnenuntergang, der »die magische Sprache der Sterne des Himmels« spricht? Einen Sonnenuntergang, beschrieben als »Gewissheit, dass sie vom Himmel kamen«? Schlagt nach beim Propheten Hesekiel im Alten Testament! Dort sagt der

Außerirdische zu Hesekiel: »Ihr Menschen habt Augen, um zu sehen, und seht doch nichts – und Ohren, um zu hören, und hört doch nichts!«

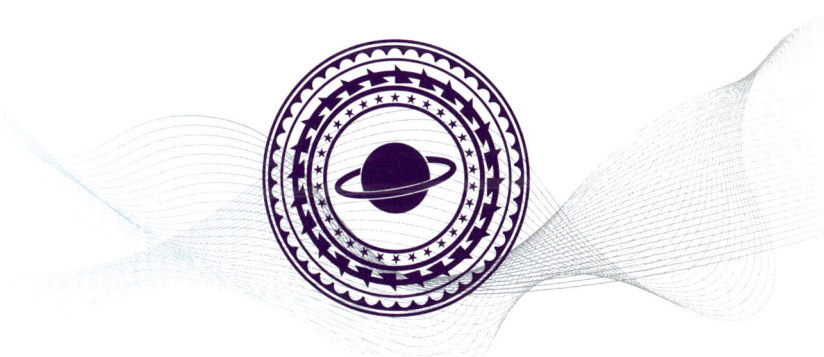

Kapitel 2

Der unsterbliche Zeitgeist

Seit die Menschheit existiert, gibt es ein Phänomen, das uns alle ärgert und gegen das wir offensichtlich nichts tun können: den Zeitgeist. Dieser »Geist« ist die gerade herrschende Vernunft. So manches war irgendwann vernünftig, auch wenn es sich später als Riesenunsinn herausstellte. Und die Menschen, die ihrem jeweiligen Zeitgeist voraus waren, wurden ausnahmslos diskriminiert, verachtet, und nicht wenige mussten ihren Mut mit dem Leben bezahlen. Dieser Abschnitt der Menschengeschichte ist himmeltraurig:

… wenn ich an Nikolaus Kopernikus (1473–1543) denke, der das damalige Weltbild zertrümmerte, nach welchem die Sonne sich um die Erde drehe;

… oder an Johannes Kepler (1571–1630), der das Weltbild von Kopernikus wissenschaftlich blitzsauber bewies;

… oder an Giordano Bruno (1548–1600), der mutig verkündete, dort draußen würde es andere Planetensysteme geben;

… oder an Galileo Galilei (1564–1642), der die Menschheit aus der Einbildung befreite, die Erde sei der Mittelpunkt des Weltalls.

In jeder Vergangenheit legten sich die gerade wortführenden Wissenschaftler quer, wenn ihr Denk- und Meinungsgebäude angezweifelt wurde. Heute gibt es zwar keine Scheiterhaufen und keine kirchlichen Bannbullen mehr, doch die Verunglimpfungen sind geblieben. Personen und Argumente werden durch sogenannte Killerphrasen abgewürgt, die da lauten:

- Die Theorie widerspricht der Lehrmeinung.
- Sie ist zu radikal.
- Sie zerstört das wissenschaftliche Vorgehen.
- Da machen die Hochschulen nicht mit.
- Das haben andere bereits versucht.
- Das ergibt keinen Sinn.
- Das Gegenteil stimmt.
- Das verbietet die Religion.
- Das ist gegen jede Vernunft.
- Das kann man nicht beweisen.

Im Jahr 1650 verkündete Otto von Guericke (1602–1686), der damals immerhin Ratsherr von Hamburg war, seine Gedanken vom Vakuum. Wenn man die Luft aus einem Behälter pumpe – so Guericke –, würde seine Außenwand von der Luft außerhalb des Behälters zusammengedrückt. Die Gesellschaft um ihn herum verlachte ihn. Also erfand Otto von Guericke die Luftpumpe und demonstrierte auf dem Reichstag zu Regensburg, dass die Kerzenlichter in einem luftleeren Raum augenblicklich verlöschten. Auf dem Magdeburger Ratshausplatz brachte er zwei Halbkugeln zusammen und pumpte die Luft heraus. Die Kraft von acht Pferden, vier auf jeder Seite, reichte anschließend nicht aus, die beiden Halbkugeln voneinander zu trennen.

Was nun? Damals galt die Lehrmeinung, ein Vakuum existiere nicht, doch jetzt demonstrierte Otto von Guericke vor aller Augen, dass es den luftleeren Raum sehr wohl gab und dass die Luft außerhalb des Raums einen enormen Druck ausübte. Schließlich öffnete Otto von Guericke an einer der Halbkugeln ein Ventil. Sowie die Luft in das Vakuum strömte, lösten sich die Halbkugeln problemlos voneinander. Doch trotz der öffentlichen Show spotteten die Rechthaber weiter und warfen Guericke irgendwelche Tricks vor. Damals herrschte auch die »wissenschaftliche« Meinung, Licht könne sich im luftleeren Raum nicht ausbreiten. Otto von Guericke widerlegte auch diese Auffassung. Erst Jahre nach seinen Demonstrationen setzten sich ausgerechnet die ehemaligen Gegner an die Spitze einer wissenschaftlichen Revolution: An den Hochschulen zirkulierten nun kluge Abhandlungen über das, was Otto von Guericke einst aufgezeigt hatte. Die wenigsten davon erwähnten ihn.

Am 26. Oktober 1861 führte der Kaufmann Johann Philipp Reis (1834–1874) auf einer Sitzung des Physikalischen Vereins zu Frankfurt am Main und 1864 bei der Versammlung der Naturforscher in Gießen den ersten Fernsprecher vor. Zwar war die Übertragung von zusammenhängenden Sätzen noch mangelhaft, aber für das grundlegende System war der Beweis erbracht. 10 Jahre später erschien in München ein Buch mit dem Titel *Geschichte der Technologie* von Karl Kramarsch. Darin war weder der Name von Johann Philipp Reis noch die von ihm geprägte Bezeichnung »Telephon« zu finden. Philipp Reis starb völlig verarmt. Jahre später griff Alexander Graham Bell (1847–1922) die Ideen von Philipp Reis auf und entwickelte einen Fernsprecher. Graham Bell gilt seither als der Erfinder des Telefons.

Im Jahr 1845 trieb der unbekannte Schiffsarzt Robert Mayer (1814–1878) die Wissenschaft auf die Palme. Er hatte kranke Matrosen mit dem damals üblichen Aderlass behandelt: Dabei fiel ihm ein Farbunterschied zwischen venösem und arteriellem Blut auf. Er formulierte die Erkenntnisse von sauerstoffreichem und sauerstoffarmem Blut. Die damaligen Medizinprofessoren verhöhnten ihn derart, dass Robert Mayer wegen angeblichen Größenwahns in eine Irrenanstalt eingewiesen wurde und dort verstarb.

Der Augustinermönch Gregor Johann Mendel (1822–1884) gilt heute unangefochten als der Entdecker der Vererbungslehre. Jahrelang hatte er Kreuzungsversuche an Erbsen und Bohnen vorgenommen, die Ergebnisse publiziert und auch dem berühmtesten Botaniker seiner Zeit, dem Professor Carl Wilhelm von Nägeli (1817–1891), geschickt. Herr Nägeli mokierte sich über die Einfalt des Augustinermönchs, und alsogleich taten es ihm die anderen Botaniker nach. Erst 15 Jahre später wurden die »Mendelschen Gesetze« allgemein anerkannt. Der Augustinermönch war inzwischen verstorben.

Selbst der erfolgreiche Erfinder Thomas Alva Edison (1847–1931), dessen Name für rund 2500 Patente in aller Welt gut ist, erlebte seine Anekdote mit der Wissenschaft. Am 11. März 1878 ließ Edison durch den Physiker Du-Moucel vor der großen Académie des sciences in Paris seinen mit Stanniolwalzen arbeitenden Phonographen vorführen. Als die ersten Laute einer menschlichen Stimme zu hören waren, erhob sich ein gewisser Monsieur Bouillaud und rief seinem Kollegen zu: »Sie Betrüger! Glauben sie denn, dass wir uns hier durch einen Bauchredner zum Besten halten lassen?« Selbst nach eingehender Prüfung erklärte Monsieur Bouillaud am 30. September 1878, er bleibe überzeugt, dass es sich bei der Vorführung um einen besonders raffinierten Fall von Bauchrednerei gehandelt habe, denn es sei nicht möglich, dass ein schäbiges Metall den edlen Klang der menschlichen Stimme wiedergeben könne.

Monsieur Bouillaud wusste nicht, dass dem Edison'schen Phonographen bereits am 19. Februar 1878 ein US-Patent erteilt worden war. Vorgefasste Meinung: Zeitgeist eben!

Monsieur Antoine Laurent de Lavoisier (1743–1794) war Direktor und Schatzmeister der Akademie der Wissenschaften in Frankreich. Zudem Abgeordneter der Nationalversammlung und beruflich Bankdirektor. Eigentlich dürfte einem derart hoch angesehenen Mitglied der Gesellschaft kein Unheil widerfahren, denkt man. Doch de Lavoisier erdreistete sich, sowohl die Luft als auch das Wasser in die jeweiligen Bestandteile zu zerlegen. Bis daher galt die Überzeugung, Luft und Wasser seien feste, eigene Körper. Als de Lavoisier seine Beweise in der Akademie vortrug, erhob sich Antoine Baumé,

von Hause aus Physiker, und erklärte seinen Kollegen de Lavoisier zum Scharlatan. Es sei von den Physikern aller Jahrhunderte und aller Nationen anerkannt, sagte er, dass Luft
ebenso wie Wasser feste Körper seien. »Es ist nicht zulässig,
die seit 2000 Jahren anerkannten Elemente in die Kategorie
der zusammengesetzten Substanzen einzureihen. Dieses fest
verankerte Wissen darf nicht infrage gestellt werden.« Der
Zeitgeist hatte gesiegt.

1814 konstruierte der englische Ingenieur George Stephenson
(1781–1848) die erste Dampflokomotive. Obschon sie bereits
in einer Kohlegrube eingesetzt wurde, bekam Stephenson
dauernd Vorwürfe und Warnungen von wissenschaftlicher
Seite. Als er im britischen Parlament seinen Plan vortrug, eine
Eisenbahnlinie zu bauen, wurde argumentiert, seine Maschine
würde alle Häuser entlang der Strecke in Brand setzen. Der
Lärm der Lokomotive würde zudem die Menschen zur Ver-
zweiflung bringen und alle Grundstücke, die sich an der Ei-
senbahnstrecke befinden würden, wertlos machen. Auch würde die Luft verwirbelt werden und die Menschen damit in
Atemnot bringen. Selbst die Schulen müssten geschlossen
werden, weil die Kinder aufgrund des Lärms verdummen
würden. Mit gerade einmal einer Stimme Mehrheit – 36 zu
35 – beschloss das britische Parlament im Jahr 1821 den Bau
einer Eisenbahnlinie zwischen Liverpool und Manchester.

Der deutsche Physiker Hermann Oberth (1894–1989) gilt
heute unangefochten als der »Vater der Weltraumfahrt«. Bereits im Jahr 1917 entwarf er eine Rakete mit 25 Metern Länge
und einer Nutzlast von 10 Tonnen. Als Treibstoff sollte eine
Mischung aus Alkohol und Sauerstoff dienen. Das Ding würde

bereits beim Start explodieren, verkündeten seine Kritiker. Im Jahr 1923 veröffentlichte Oberth sein bahnbrechendes Buch *Die Rakete zu den Planetenräumen*. Das kommentierte die weltbekannte wissenschaftliche Zeitschrift *Nature* im Oktober 1924 mit der Bemerkung, das Projekt einer Rakete in den Weltraum würde erst kurz vor dem Aussterben der Menschheit realisiert. Doch Oberth blieb beharrlich. Im Zweiten Weltkrieg arbeitete er für die Nationalsozialisten und entwickelte die Raketen gegen England. Wernher von Braun, der später den Schuss zum Mond realisierte, war ein Schüler von Oberth. Ich hatte Gelegenheit, Hermann Oberth mehrmals persönlich zu treffen. Nachdem er das Manuskript meines Buches *Erinnerungen an die Zukunft* gelesen hatte, meinte er freundlich, die Akademiker würden meine Ansichten niemals unterstützen. Und er gab mir den Rat, den ich lebenslang befolgte: »Die Kritik muss an Ihnen ablaufen wie Jauche an einer Marmorsäule.«

Noch 1953 urteilte ein deutscher Gelehrter, Astronautik stehe auf der gleichen Stufe wie Astrologie. Und Sir Harold Spencer Jones (1890–1960), Direktor der Sternwarte von Greenwich, erklärte im Jahr 1957, niemals würde ein Mensch seinen Fuß auf den Mond setzen. 12 Jahre später, am 20. Juli 1969, landete *Apollo 11* auf dem Erdtrabanten.

Der US-amerikanische Arzt Immanuel Velikovsky (1895–1979) veröffentlichte 1950 sein Buch *Worlds in Collision* (1951 in deutscher Übersetzung: *Welten im Zusammenstoß*). Darin behauptete er, das Weltall sei kein Vakuum, es würde von Magnetfeldern durchzogen. Zudem sei der Planet Venus jünger als die anderen Planeten unseres Sonnensystems. Das Echo auf Velikovskys Buch war verheerend. Prof. Dr. Harlow Shapley, bekannter Astronom und damals Direktor des Harvard-College-Observatoriums, sagte, wenn dieser Doktor Velikovsky recht habe, seien sie alle Idioten. Harlow Shapley drohte dem New Yorker Verlag McMillan, der *Worlds in Collision* herausbringen wollte, mit dem Abbruch der Beziehungen. Mehrere Kollegen folgten Shapleys Beispiel. Auch sie beendeten die Zusammenarbeit mit dem McMillan-Verlag. In einem Haus, das solchen »Mist« herausbringe, könne kein ernsthafter Wissenschaftler mehr publizieren, hieß es. Noch 1974 leitete der berühmte Astronom Carl Sagan eine Spottschrift mit den Worten ein, wo Velikovsky originell sei, habe er unrecht, und wo er recht habe, stammten seine Ideen von anderen. Doch Velikovsky hatte recht. Im Weltraum existieren tatsächlich elektromagnetische Wellen. Und: Er behauptete, die Venus sei glühend gewesen, als sie aus dem Jupiter herausbrach. Die Raumsonden bestätigten Velikovskys Ansichten. Auch seine Behauptung, dass die Venus eine dichte Atmosphäre haben müsse, erwies sich als wahr. Tatsächlich ist diese 95 Mal dichter als diejenige der Erde. Velikovsky behauptete darüber hinaus, die Venusatmosphäre müsse Kohlenstoff, Wasserstoff und Sauerstoff enthalten. Das wurde ebenfalls bewiesen. Auch seine Behauptung, das Mondinnere sei flüssig und auf seiner Oberfläche wimmle es von Kratern, ist längst Allgemeinwissen. Rund 80 Prozent von Velikovskys Voraussagen erwiesen sich als richtig. Doch zu seiner Zeit wurde er verspottet.

Sind wir heute klüger? Hat »die Wissenschaft«, haben »die Medien« irgendetwas hinzugelernt? Nein! Wie nachfolgender Auszug belegt, lassen wir uns nach wie vor als nützliche Idioten missbrauchen. Im Jahr 1953 gab der US-Geheimdienst CIA folgenden Befehl heraus:

>*Alle Behörden des Geheimdienstnetzes sind dazu an-*
>*gehalten, die Massenmedien zum Zwecke der Diskre-*
>*ditierung zu beeinflussen und zivile UFO-Forschungs-*
>*gruppen zu infiltrieren [...]. UFO-Berichte sollen*
>*unglaubwürdig und lächerlich gemacht werden [...],*
>*das Interesse an UFO-Vorfällen soll nachdrücklich*
>*ausgehöhlt werden, und Geheimdienstagenten sollen*
>*dafür Sorge tragen, dass die Fakten führender UFO-*
>*Forscher durch gezielte Desinformation vorenthalten*
>*werden.« [54]*

Heute gesteht die US-Regierung zwar UFO-Sichtungen ein,
erklärt sie aber gleichzeitig als »natürliche Phänomene«, für
die wir in Zukunft wohl rationale Erklärungen finden werden.
Kein Wort darüber, dass Menschen von UFOs entführt und
ihnen Implantate eingesetzt wurden. Das lässt sich beweisen.
[55, 56, 57] Dieselbe radikale Einstellung vertritt das britische
Verteidigungsministerium:

>*Our policy is to downplay the subject of UFO and to*
>*avoid attaching undue attention or publicity to it.«*
>(»*Unsere Politik ist es, das Thema UFO herunterzuspie-*
>*len und zu vermeiden, ihm übermäßige Aufmerksam-*
>*keit oder Publicity zukommen zu lassen.«) [54]*

Man hat nichts gelernt. Die öffentliche Lügerei und Verdum-
mung der Gesellschaft geht weiter. Tagtäglich. Und das Trau-
rigste dabei: Die Journalisten, die das gesellschaftliche Leben
eigentlich kritisch durchleuchten sollten, sind die dicksten
Verbündeten dieser Heuchelei. Über die wissenschaftlichen
Tatsachenverdrehungen erschien bereits 1971 ein aufrütteln-

der Artikel in der *Frankfurter Allgemeine Zeitung*. Jeglicher Lerneffekt blieb allerdings aus. Nachfolgend ein Auszug:

>*»Das Fortschreiten der Wissenschaft im Großen besteht in der Überwindung der Lehrmeinung. Fast jede grundlegende neue Erkenntnis stößt zunächst auf Ablehnung, ehe sie – oft erst nach Jahrzehnten – allgemein akzeptiert wird. Der naturwissenschaftlichen Entwicklung standen bis weit in die Neuzeit hinein kirchliches und aristotelisches Dogma entgegen [...]. Als entscheidendes Hindernis für die Annahme erweist es sich in der Regel, wenn eine Entdeckung verfrüht ist [...]. Die tiefere Ursache des Konformismus in der Ablehnung neuer Erkenntnisse ist wohl sozialpsychologisch zu verstehen, nämlich aus dem Bedürfnis des Menschen – seiner Natur als ›zoon politikon‹ (politisches Geschöpf) entsprechend –, im Einklang mit der allgemeinen Überzeugung seiner Gruppe zu leben [...]. Gibt es für die Verfrühtheit einer Entdeckung ein anderes Kriterium als das, ohne jede Auswirkung zu bleiben? Ja, ein solches Kriterium gibt es: Eine Entdeckung ist verfrüht, wenn ihre Auswirkungen nicht durch eine Reihe einfacher, logischer Schritte mit dem zeitgenössisch geltenden kanonischen Wissen vereinbart werden können [...]. Der ›gute Wissenschaftler‹ wird für einen vorurteilslosen Menschen gehalten mit offenem Sinn, der bereit ist, jede neue Idee zu akzeptieren, die von Tatsachen unterstützt wird. Wie die Geschichte der Wissenschaften zeigt, handeln Wissenschaftler offenbar nicht nach dieser populären Ansicht.«*

Zeitgeist. Als im Jahr 1968 mein Buch *Erinnerungen an die Zukunft* erschien, wurde ich von der seriösen Presse durchweg lächerlich gemacht. Wie konnte ein Hoteldirektor es wagen, einen derartigen Unsinn zu verbreiten? Was nur hatte ich verbrochen? Ich hatte behauptet, Außerirdische hätten in grauer Vorzeit die Erde besucht und die junge Menschheit beeinflusst. Erst durch jenen Besuch der ETs seien die Religionen entstanden.

Das war zu viel. Dass die Religionen beziehungsweise ihre Vertreter auf mich losgingen, verstand ich – aber die Wissenschaft? Hatte ich meine Gedanken nicht sauber untermauert, alle im Buch aufgeführten Tatsachen zur Überprüfung gestellt? Die Quellen mitgeliefert? Doch Außerirdische waren prinzipiell zu grotesk! Jeder vernünftige Mensch wusste doch, dass es die nicht geben konnte. Und wenn es sie schon gegeben hätte, so könnten sie die riesigen Distanzen im All niemals überbrücken. Die Urteile waren gefällt. »Die Wissenschaft« hatte (wieder einmal) gesiegt. Ein einziger Gelehrter brachte damals den Mut auf, sich für mich zur Wehr zu setzen: Dr. Luis Navia, Philosophieprofessor am New York Institute of Technologie. Er schrieb:

> *»Ich bin überzeugt, dass wir mit dem Postulat, dass es im Altertum Besucher aus anderen Regionen des Universums gab, nichts postulieren, das selbst die strengsten Prinzipien der wissenschaftlichen Methodologie übertritt. Die Theorie eines Besuches aus dem Weltall in grauer Vorzeit ist meiner Ansicht nach eine absolut bedeutungsvolle Hypothese. Jene, welche diese These als*

*›kindisch‹, ›absurd‹ und ›pseudowissenschaftlich‹ be-
zeichnen, sollten ein anderes Tätigkeitsfeld finden, in
welchem sie ihre fehlende Schaffenskraft, ihre stagnie-
rende Mentalität und ihre Unkenntnis der wissenschaftlichen Methodologie auslassen.«* [58]

Außerirdische beeinflussten die Menschheit vor Jahrtausenden. Und in unserer Vergangenheit wimmelt es von Meilen-
steinen, welche eben diese Ansicht zementieren. Sie wurden
alle nicht beachtet. Der jeweilige Zeitgeist blockierte sie.

Heute kennt jedermann den Begriff »Verschwörungstheorie«.
Dieses Gespenst erblickte das Licht der Welt im Zusammenhang mit der Ermordung des US-Präsidenten John F. Kennedy
und sollte globale Bekanntheit im Kontext mit der behördli-
chen Lügerei um die Coronaimpfung erlangen. Zuerst hatte
sich der amerikanische Chemiegigant Pfizer für eine Impfung
gegen das Coronavirus stark gemacht. Eine Impfung, die – wie
sich zeigte – offensichtlich nichts nützte, aber der Firma Mil-
liardengewinne eintrug. Insider veröffentlichten dazu passend
brisante Informationen, Whistleblower plauderten geheimes
Wissen aus ihren jeweiligen Firmen und Behörden aus. Und
jedes Mal dementierten die Betroffenen vehement: Die offizi-
ellen Darstellungen seien die einzig richtigen, alle anderslau-
tenden Behauptungen nur Verschwörungstheorien.

Letztlich half alles nichts. Die Szene der Whistleblower wächst
seit Jahren, und sie betrifft nicht nur die Coronaproblematik.
Mehrere Staaten erließen sogar Gesetze zum Schutze dieser
Personen. In den vergangenen Jahren wurden bisher streng
gehütete Geheimnisse bekannt. Etwa über versteckte Welt-

raummissionen, über Regierungsbunker, über verbotene Medizinstudien, über chemische Gifte in der Landwirtschaft und sogar über Kontakte von Wissenschaftlern mit Außerirdischen. Viele offizielle Dementis verpufften. Schritt für Schritt, wie auf ein geheimes Kommando hin, verloren Firmen, Regierungen und die Medien ihre Glaubwürdigkeit, auch wenn sie sich mit einem neuen Schlagwort – Fake News – zur Wehr zu setzen versuchten. So manche Verschwörungstheorie entpuppte sich zwischenzeitlich als Tatsache. Dank Internet herrscht heute eine große Meinungsvielfalt – die elitären Blindflüge werden angezweifelt. Dabei bleiben die Resultate der exakten Wissenschaften selbstverständlich genauso gültig wie die Gesetze der Physik. Was sich änderte, ist der schnelle, unkomplizierte Zugriff auf die Informationen und die Art, wie sie entstehen.

Der dänische Physiker Niels Bohr (1885–1962) gilt als der Entdecker des Atommodells. Das Zentrum eines Atoms bildet der (Atom-)Kern, und darum herum befinden sich die unterschiedlichen, subatomaren Teilchen. Eines Nachts träumte Niels Bohr, er säße auf einer Sonne aus brennendem Gas. Zischend und fauchend rasten Planeten an ihm vorbei, und alle schienen wie durch feine Fäden mit der Sonne verknüpft. Plötzlich verfestigte sich das Gas. Sonne und Planeten schrumpften zusammen und erstarrten. In diesem Augenblick erwachte Niels Bohr und wusste: Dies war das Modell des Atoms. 1922 erhielt er für diesen »Traum« den Nobelpreis.

Im Jahr 1940 las ein Ingenieur der US-Telefongesellschaft Bell in der Zeitung einen Bericht über die deutschen Bombenangriffe auf London. Wenig später träumte er von einem Gerät, das die Bewegungen von Flugzeugen auf einem Bildschirm sichtbar machte. Tags darauf fragte sich der Ingenieur, wie ein derartiges Gerät technisch umzusetzen wäre. Dies war die Geburtsstunde des Radars, das später durch den amerikanischen Mathematiker Norbert Wiener (1894–1964) verwirklicht wurde.

Was verursacht derartige Träume? Wie ist es möglich, dass wissenschaftlich-technische Lösungen für bestimmte Problemstellungen während des menschlichen Schlafs aufgezeigt werden? Tragen wir Menschen so etwas wie eine Sehnsucht nach den Sternen in uns? Ist es ausschließlich die Neugierde, die uns treibt, oder existiert in unseren Genen ein »Heimweh« besonderer Art, ein Heimweh nach den Sternen? Dieser Gedanke lässt sich begründen:

Unter den Schriften, die im Jahr 1947 in den Qumran-Höhlen am Toten Meer gefunden wurden, befand sich auch die sogenannte Lamech-Rolle. Darin wird geschildert, wie Lamech, ein reicher Patriarch, der vor der Flut lebte, eines Tages von einer Reise zurückkehrte, die länger als 9 Monate gedauert hatte. Deshalb war er überrascht, im Stammzelt einen Säugling vorzufinden, der nicht von ihm sein konnte und dessen äußere Merkmale überhaupt nicht in seine Familie passten. Also machte er seiner Ehefrau Bat-Enosch heftige Vorwürfe. Die aber beschwor bei allem, was ihr heilig war, dass der Same von ihm, Lamech, stammen müsse, denn sie habe weder mit einem Soldaten, einem Fremden oder gar einem der »Söhne des Himmels« Sex gehabt:

>*»O mein Herr [...], ich schwöre dir [...], dass von dir dieser Same war, von dir diese Empfängnis und von*

dir die Pflanzung der Frucht. Nicht von einem Frem-
den.« [59]

Lamech wollte ihr glauben, konnte es aber nicht und machte
sich deshalb auf, um seinen Vater Methusalem um Rat zu bit-
ten. Der kam zu keiner Lösung und ging zu Henoch – dem
Großvater von Lamech –, um die betrübliche Familienstory
vorzutragen. Henoch kannte die Antwort: Die »Wächter des
Himmels« [59] hätten den Samen in den Schoß von Bat-
Enosch gelegt, ohne sie sexuell zu missbrauchen. Lamech möge das Kind als sein eigenes aufziehen und ihm den Namen
Noah geben. Eine schreckliche Flut würde die Menschheit
heimsuchen und alle bis auf diesen Noah vernichten.

Nach dieser Überlieferung stammte Noah also von den
»Wächtern des Himmels« ab und trug somit außerirdische
Gene in sich. Jetzt sind wir aber alle Nachkommen von Noah.
Kommt unsere Sehnsucht, unser »Heimweh« nach den Sternen, vom Stammvater Noah? Diese Annahme wird von mehreren Kulturen bestätigt. Beispielsweise vom Volk der Uros im
Hochland von Bolivien. Diese hatten schwarzes Blut und paarten sich ausschließlich mit ihresgleichen. Ursprünglich lebten
die Uros an den Ufern des Titicacasees. Dann ließen sich die
Horden des spanischen Eroberers Francisco Pizarro (1478–
1541) im Hochland nieder, und die Uros zogen sich auf mehrere selbst gebaute Schilfinselchen zurück. Anderen Stämmen
gegenüber zeigten sie sich als überheblich und gingen jedem
Kontakt mit ihnen aus dem Weg. Von sich selbst behaupteten
sie, unsinkbar zu sein. Weder die harten Stürme noch die eisi-
ge Kälte konnten ihnen etwas anhaben. Sie unterhielten sich in
einer Sprache mit vielen Zisch- und Quaklauten und versi-

cherten immer wieder, nicht von dieser Erde zu stammen. Im Jahr 1962 starb der letzte von ihnen.

Genauso verhält es sich mit dem Stamm der Toradschah in der philippinischen Provinz Mindanao. Sie stammten vom Himmel, versichern sie, und »sie würden eines fernen Tages wieder von ihren himmlischen Brüdern abgeholt werden«. [60]

Ins selbe Kapitel gehört die Überlieferung der Kayapó-Indios, die am Xingu, einem Nebenfluss des Amazonas im brasilianischen Staat Mato Grosso, leben. Ich erwähnte die Kayapó bereits in mehreren meiner Bücher, doch zählt ihre Geschichte nun einmal zu den eindrücklichsten Überlieferungen in Bezug auf Außerirdische auf der Erde, weshalb sie unbedingt auch in dieses Buch gehört. Aufgezeichnet wurde sie von João Américo Peret, einem Mitarbeiter der brasilianischen FUNAI-Behörde. Dies geschah im Dorf Gorotire am Ufer des Rio Fresco. Der Erzähler war der älteste Stammesangehörige, der Weise Gway-Baba:

> »*Unser Volk wohnte auf einer großen Savanne, weit von dieser Region entfernt, von wo aus man die Gebirgskette Pukato-Ti sehen kann [...]. Die Sonne legte sich auf den grünen Rasen hinter dem Buschwald, und Mem-Baba, der Erfinder aller Dinge, bedeckte mit seinem Mantel voll hängender Sterne den Himmel. Wenn ein Stern herabfällt, durchquert er Memi-Keniti und bringt ihn zum richtigen Ort zurück. Eines Tages kam Beb-Kororoti zum ersten Mal ins Dorf. Er war mit einem Bo [= geschlossener Anzug ohne Öffnung für Mund, Nase und Ohren] gekleidet. In der Hand trug er*

*einen Kop, eine Waffe. Alle aus dem Dorf flüchteten
voll Angst in den Busch. Die Männer suchten Frauen
und Kinder zu beschützen, und einige versuchten sogar, den Eindringling zu bekämpfen, doch ihre Waffen
taugten nichts. Jedes Mal, wenn sie mit ihren Waffen
die Kleidung von Bep-Kororoti berührten, fielen sie
zusammen. Der Fremde, der aus dem All gekommen
war, musste über die Zerbrechlichkeit derer, die ihn be-
kämpften, lachen. Um ihnen seine Kraft zu beweisen,
hob er seinen Kop, deutete auf einen Baum oder Stein
und vernichtete beide. Alle begriffen, dass Bep-Kororoti nicht gekommen war, um Krieg mit ihnen zu machen. Es war ein großes Durcheinander. Die mutigsten
Krieger versuchten, Widerstand zu leisten, doch
schließlich fanden sie sich mit der Gegenwart von Bep-
Kororoti ab, denn er bekämpfte niemanden [...]. Alle
bekamen ein Gefühl von Sicherheit, und so wurden sie
Freunde. Bep-Kororoti fand Gefallen daran, mit unseren Waffen zu spielen und zu lernen, wie er damit ein
guter Jäger sein konnte [...]. Schließlich brachte er es
so weit, dass er mit unseren Waffen besser war als der
Beste des Stammes und mutiger als die Mutigsten des
Dorfes. Es dauerte nicht mehr lange, da wurde Beb-
Kororoti als Krieger in den Stamm aufgenommen. Er
suchte sich eine Frau und zeugte mit ihr Kinder [...].
Bep-Kororoti war klüger als alle, und langsam begann
er, die anderen in unbekannten Sachen zu unterrich-
ten. Er leitete die Männer zum Bau eines Ng-Obi an,
dieses Männerhaus, das heute alle unsere Dörfer haben. Darin erzählten die Männer den Jünglingen von
ihren Abenteuern, und so lernten sie, wie man sich in*

Gefahren zu verhalten hat und wie man denken muss. Im Ng-Obi kam es zur Entwicklung von Handarbeiten, zur Verbesserung unserer Waffen, und nichts wurde, was wir nicht dem großen Krieger aus dem All verdanken […]. Oft leisteten die Jüngeren Widerstand und gingen nicht zum Ng-Obi. Dann zog Bep-Kororoti seinen Bo an und suchte die Jüngeren. Sie konnten dann keinen Widerstand mehr leisten und kehrten schnell in das Ng-Obi zurück, weil es nur dort sicheren Schutz gab. Wenn die Jagd schwierig war, holte Bep-Kororoti sein Kop hervor und tötete die Tiere, ohne sie zu verletzen. Immer durfte der Jäger das beste Stück der Beute für sich nehmen, denn Bep-Kororoti nahm keine Nahrung des Dorfes zu sich […]. Eines Tages war Bep-Kororoti nicht mehr zu finden. Plötzlich aber erschien er wieder auf dem Dorfplatz und machte ein fürchterliches Geschrei. Alle dachten, er sei irre geworden, und

Bilder 12 und 13:
Ritualtänze der
Kayapó-Indianer

sie versuchten, ihn zu beruhigen. Doch wer ihn berührte, fiel zu Boden [...]. Die gefallenen Krieger konnten wieder aufstehen, und sie verfolgten Bep-Kororoti
bis auf die Spitze des Gebirges. Da geschah etwas Ungeheures, das alle sprachlos werden ließ. Rückwärts
ging Bep-Kororoti bis an den Rand des Pukato-Ti [...].
Dann gab es plötzlich einen gewaltigen Krach, der die
ganze Region erschütterte, und Bep-Kororoti verschwand in der Luft – umkreist von flammenden Wolken, Rauch und Donner. Durch dieses Ereignis, das die
Erde erschütterte, wurden die Wurzeln der Bäume aus
dem Boden gerissen, die Wildfrüchte vernichtet, und
das Wild verschwand, sodass der Stamm anfing, Hunger zu leiden [...]. Nio-Pouti, die einen Krieger gehei-
ratet und einen Sohn geboren hatte, sagte ihrem Mann,
dass sie wisse, wo man für das ganze Dorf Nahrung
finden würde. Man müsse ihr aber ins Gebirge nach

Pukato-Ti folgen […], dort ereignete sich eine große Explosion, und Nio-Pouti verschwand zwischen Wolken, Rauch, Staub, Blitz und Donner. Der Ehemann wartete einige Tage und wollte schon vor Hunger sterben, als er einen Krach hörte und seine Frau wieder da stand und mit ihr Bep-Kororoti. Und sie brachten große Körbe voller Nahrung, die sie nicht kannten und die sie nie gesehen hatten. Nach einiger Zeit setzte sich der himmlische Mann wieder in den fantastischen Baum und befahl wiederum, die Äste auf den Erdboden zu biegen. Nach einer Explosion verschwand der Baum wieder in der Luft.«

Eindeutig der Bericht über einen außerirdischen Besucher, erzählt vom Angehörigen eines Urwaldstamms, der nun weiß Gott nichts von der modernen Raumfahrt wissen konnte. Die Kayapó-Indios feiern Jahr für Jahr ein Fest zu Ehren ihres himmlischen Lehrmeisters. Dabei wird Bep-Kororoti mittels eines Strohanzugs dargestellt, der den Träger vollkommen umschließt. Ohne Öffnungen für Augen, Mund und Ohren – denn so haben sie Bep-Kororoti in Erinnerung. **(Bilder 12 + 13)**

»Heimweh« nach den Sternen? In bisher 46 Büchern legte ich Argumente für den Besuch von Außerirdischen auf der guten, alten Erde vor. Wie das Amen in der Kirche wiederholte sich dabei die Feststellung, jene ETs hätten sexuellen Kontakt mit Erdentöchtern gehabt. Man warf mir deshalb so etwas wie »Weltraumrassismus« vor. Pardon – aber der Gedanke von Sex zwischen den Menschen und den Fremden entstammt nicht meinem Gehirn, sondern kommt ausgerechnet aus den heiligen Schriften der Menschheit. Bitte überprüfen:

»Als aber die Menschen anfingen, sich auf der Erde zu mehren, und ihnen Töchter geboren wurden, sahen die Gottessöhne, dass die Töchter der Menschen schön waren, und sie nahmen sich zu Weibern, welche sie nur wünschten.« (1. Buch Moses, Kapitel 6, Vers 1) [61]

Rassismus in der *Bibel*? Die Behauptung von Sex zwischen Menschen und »Gottessöhnen« oder »gefallenen Engeln« steht auch in anderen alten Schriften. Etwa im Buch *Adi Parva*, das Bestandteil der altindischen Texte des *Mahabharata* ist. [62] Dort wird vom göttlichen Helden Karna berichtet, dessen Mutter vom Sonnengott geschwängert worden war. Nicht anders verhält es sich bei mehreren afrikanischen Völkern. Die Tussi aus Ruanda berichten von den ersten Frauen, die »durch Himmlische« befruchtet wurden. [63] Oder Gilgamesch aus dem gleichnamigen sumerisch-babylonischen Epos. Er ist zu einem Drittel Gott und zu zwei Dritteln Mensch. [81] Dasselbe erfährt man in der Entstehungsgeschichte Äthiopiens, dem *Kebra Nagast*. [64] Dort tauchen sogar die Namen von einigen Söhnen auf, die durch eine nicht irdische Befruchtung entstanden. Der »himmlische« Same – modern: die DNS – verbreitete sich blitzartig unter den Menschen. Allein schon der biblische König Salomon trieb es faustdick:

»Der König Salomo liebte viele ausländische Frauen […]. Er hatte 700 Hauptfrauen und 300 Nebenfrauen, und seine Frauen verführten ihn.« (1. Buch der Könige, Kapitel 11, Vers 1)

Nicht nur die Namen von Söhnen, die durch die Kreuzungen zwischen Menschen und ETs entstanden, sind bekannt, sondern auch jene der Außerirdischen, die sich mit den hübschen Menschentöchtern paarten. Nachzulesen im Buch Henoch: [65]

> *»Der Name des Ersten ist Jequen: Das ist der, welcher die Kinder der Engel verführte, sie auf das Festland heranbrachte und durch die Menschentöchter verführte. Der Zweite heißt Asbeel; dieser erteilte den Kindern der Engel böse Ratschläge, dass sie ihre Leiber durch die Menschentöchter verderbten. Der Dritte hieß Gadreel; das ist der, der den Menschen allerhand todbringender Schläge zeigte. Die Mordinstrumente, den Panzer, den Schild und überhaupt allerhand Mordinstrumente […]. Der Vierte heißt Penemue; dieser hat den Menschkindern das Unterscheiden von bitter und süß gezeigt […], er hat den Menschen das Schreiben mit Farbe und Papier gezeigt […]; der fünfte heißt Kasdeja, dieser hat den Menschenkindern allerlei böse Schläge gezeigt, die Schläge gegen den Embryo im Mutterleib, damit er abgehe.«*

Die Schlussfolgerungen aus den Kontakten sind zwingend: Jene ETs waren menschenähnlich. Sonst hätten die Geschlechtsorgane der Partner nicht zueinandergepasst. Zudem war die Chromosomenzahl der Fremden dieselbe wie bei uns. Schließlich gebaren die geschwängerten Damen Kinder. Was – ich betone es nochmals – nur bei passenden Partnern funktioniert. Letztlich ist das nichts Außergewöhnliches, denn wir Menschen *sind* bereits die Ableger eines anderen Systems. »Und Gott [Götter] schuf [schufen] den Menschen nach seinem Bilde. Nach dem Bilde Gottes [der Götter] schuf er [schufen sie] ihn.« (1. Mose 1, 27)

Die Sehnsucht beziehungsweise das Heimweh nach den Sternen liegt in unseren Genen.

1976 erschien in England das Buch *The Sirius Mystery* des amerikanischen Linguisten Robert K. G. Temple. [66] Kein Journalist bemerkte die Brisanz des Inhalts, und ich wurde durch einen Leser auf das Werk aufmerksam gemacht. In dem Buch geht es um den Stamm der Dogon in der Republik Mali, und diese Dogon verfügen über ein astronomisches Wissen, das sie ohne moderne Teleskope niemals haben dürften. Dieses Wissen wollen sie von Besuchern aus dem All erhalten haben. Hier die Geschichte:

Die Dogon, die heute auf dem Plateau von Bandiagara in der westafrikanischen Republik Mali leben, wurden erstmals im Jahr 1931 durch den französischen Anthropologen Dr. Marcel Griaule besucht. Dieser Kontakt war eher touristischer Natur, doch 15 Jahre später zog es Marcel Griaule erneut nach Mali. Diesmal wurde er von der Ethnologin Germaine Dieterlen begleitet, die damals Generalsekretärin der Société des Africanistes am Musée de l'Homme in Paris war. Volle 4 Jahre untersuchte das Paar Griaule/Dieterlen die Dogon, und 1951 legten die beiden Ethnologen ihren Forschungsbericht unter dem Titel *Ein sudanesisches Sirius-System vor*. [67] Darin beschrieben sie, dass der Stamm der Dogon alle 50 Jahre eine spezielle Feier zelebriere, das Sigui-Fest. Den jeweiligen Zeitpunkt der Feier bestimme Po-Tolo. Po ist zum einen das kleinste Getreidekorn im Dogon-Gebiet, stellt aber zum anderen bei den Dogon auch einen unsichtbaren Stern im Siriussystem dar. Unsichtbar? Woher wollten die Dogon ihn dann überhaupt kennen? Und existiert im Siriussystem überhaupt ein unsichtbarer Winzling?

Der Sirius ist ein Stern 1. Größe im Sternbild des Großen Hundes am südlichen Himmel. Dieser Sirius wird von einem weißen, fürs unbewaffnete Auge unsichtbaren Stern umkreist. Dieses kleine Sternchen wurde schon 1834 vom Astronomen Friedrich Wilhelm Bessel (1784–1846) vermutet. Bessel hatte den Sirius über 10 Jahre lang beobachtet und dabei festgestellt, dass er eine seltsame Wellenbewegung vollführte. Fixsterne heißen eigentlich so, weil sie fix – unverrückbar – am Firmament stehen. Weshalb bewegte sich dann aber Sirius? Irgendetwas musste ihn beeinflussen. Aber was? Im Jahr 1862 entdeckte der amerikanische Astronom Alvan Clark (1804–1887), der sich damals als Konstrukteur großer Fernrohre einen Namen gemacht hatte, ein winziges Sternchen, das alle 50 Jahre einmal den Sirius umkreiste. Man nannte ihn Sirius B, und weitere Messdaten ergaben bald, dass es sich um einen Weißen Zwerg handelte. Sirius B entpuppte sich als Neutronenstern. Seine Masse war derart stark, dass er den Hauptstern Sirius A beeinflusste. Daher die Wellenbewegungen des Lichtes von Sirius A. Sirius B ist übrigens für Erdbewohner nicht nur wegen seiner Winzigkeit unsichtbar, sondern auch deshalb, weil das Licht des Hauptsterns Sirius A ihn überstrahlt. Was hat das alles mit dem Stamm der Dogon in Mali zu tun?

Die Dogon kennen nicht nur die Dauer der Umlaufzeit, 50 Jahre, in der Sirius B um Sirius A läuft, sondern wissen auch, dass es sich um eine elliptische Umlaufbahn handelt. **(Bild 14)** Die Umlaufzeit ist der Grund für das alle 50 Jahre abgehaltene Sigui-Fest, und die Umlaufbahn ist an den Felswänden des von den Dogon besiedelten Gebietes eingraviert. Für ihre Feste schmücken sich die Dogon mit riesigen farbigen Masken, wo-

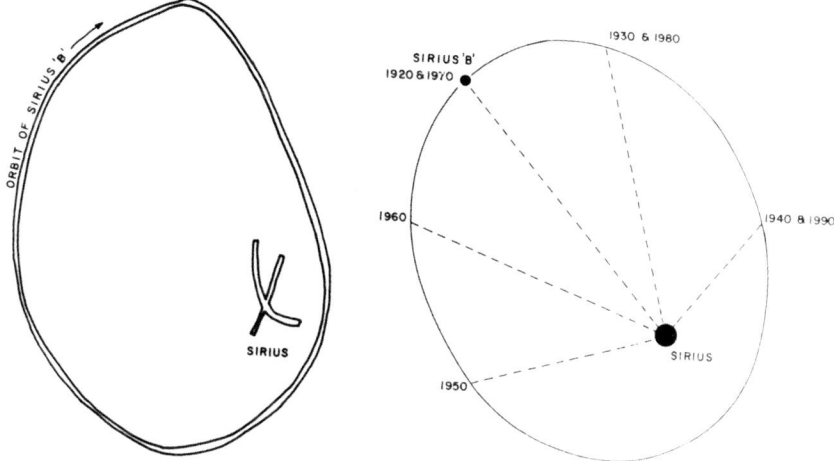

Bild 14: Umlaufbahn von Sirius B

bei die des Dorfältesten nur einmal benutzt werden darf. **(Bilder 15 + 16)** Nach dem Fest wird sie im Haupthaus aufgehängt. Jetzt muss man nur diese Masken zählen – jede Maske steht für 50 Jahre –, um rasch feststellen zu können, dass sie mindestens 2 Jahrtausende in die Vergangenheit zurückreichen. Demnach können die Dogon ihr Wissen nicht von christlichen Missionaren empfangen haben, wie auch schon vermutet wurde. [68] Zudem kennen die Dogon zwei Planeten, die angeblich um den Sirius kreisen: zum einen den, der als »Schuster« bezeichnet wird, zum anderen den »Planeten der Frauen«. Unsere heutige Astronomie kennt keine Planeten im Siriussystem. Woher haben die Dogon ihr Wissen? Sie sagten es den Ethnologen Griauld und Dieterlen: »Von einem Lehrmeister namens Nommo, der uns aus dem Himmel besuchte.« [69] Über diesen Nommo berichtete der Stammesälteste der Dogon, Ogotemmeli mit Namen, den französischen Ethnologen noch zusätzliche Details:

»Die Lebenskraft der Erde ist das Wasser [...], selbst im Stein gibt es diese Kraft [...]. Nommo stieg auf die Erde herab und brachte Fasern von Pflanzen, die schon in den himmlischen Gefilden wuchsen [...]. Nach der Erschaffung von Erde, Pflanzen und Tieren schuf Nommo das erste Menschenpaar, aus dem später acht menschliche Vorahnen hervorgingen. Diese Vorahnen lebten unendlich lange.«

Die Parallelen zu dem biblischen Schöpfungsvorgang sind eindeutig. Die Dogon verfügen – wie die Ethnologen Griaule und Dieterlen belegten – zudem über astronomische Kenntnisse, die weit über das Siriussystem hinausgehen. Sie besitzen nicht nur Namen für ferne Sonnensysteme, sondern sie geben auch Zahlen an, wie weit entfernt diese Systeme liegen. Unsere im Zeitgeist behafteten Ethnologen interessiert das alles nicht. Sie erklären das Wissen der Dogon mit dem Wissen der Araber und

Bild 15: Masken der Dogon in der Republik Mali

Bild 16: Masken der Dogon in der Republik Mali

verweisen hierbei auf die muslimische Universität von Timbuk-
tu (Republik Mali), die bereits im 16. Jahrhundert existierte.
Diese Überlegung geht allerdings nicht auf, denn die astronomischen Kenntnisse der Dogon gehen viel weiter in die Vergangenheit zurück als bis ins 16. Jahrhundert. Und die Dogon sind
weiß Gott nicht das einzige afrikanischen Volk, das über Besucher aus dem Weltall berichtet. [70] Es gibt derer viele.

- Die Jaluo berichten, dass ihr Urahn Apodho
  mit seiner Frau und allen Kulturgütern vom Himmel
  herabkam.
- Die Vertreter der Madi-Moru-Gruppe erzählen,
  dass die ersten Menschen im Himmel wohnten. Bis
  »Blauvogel« die Himmelsleiter zerpickte, bestand
  ein reger Verkehr zur Erde.
- Das Volk der Ganda berichtet, dass ihre beiden
  Urahnen vom Himmel fielen.
- Die Nyoro lassen wissen, dass Gott das erste
  Menschenpaar vom Himmel herabschickte. Dieses
  zeugte zwei Mädchen und einen Knaben.
- Die Vertreter der Kivu-Pygmäen behaupten, dass
  ihr Stammvater vom Himmel herabstieg.
- Die Kuluwe vertreten die Auffassung, dass das erste
  Menschenpaar mit Saat, Harke, Axt und Blasbalg vom
  Himmel kam.
- Die Bena-Lulu berichten, dass Gott seine vier Söhne
  zur Erde herabschickte.
- Die Aschanti überliefern, dass sieben von Gott
  geschaffene Menschen an einer Kette zur Erde herab-
  kletterten. Nachdem sie dort Menschen gezeugt hatten,
  kehrten sie in den Himmel zurück.

Der Stamm der Massai in Nordafrika berichtet von mehrfarbigen Urgöttern, die allesamt aus den Wolken herniederstiegen. Nicht anders verhält es sich beim Volk der Ziba, einem Bantustamm in Tansania. Ihr Urvater hieß Rugaba und residierte im Weltall, bevor er zur Erde herabstieg und Kinder zeugte. Die Dschagga, ein Bantustamm am Kilimandscharo, berichten von einer Frau, die auf die Erde kam, Kinder zeugte und wieder in den Himmel zurückkehrte. [71] Am Rudolfsee in Kenia lebt der Stamm der Nandi. Ihr wichtigster Gott mit dem unaussprechlichen Namen Chepkeliensokol kam aus dem All. Das Wort Chepkeliensokol bedeutet »das Ding mit den Strahlenbeinen«. Das Bantuvolk der Pangwe weiß von einem Blitz, »der in einem Ei verpackt war«. [71] Das Ei platzte, und aus ihm kamen die ersten Menschen sowie alle Früchte und Pflanzenarten. Nicht anders ist es beim Stamm der Buschongo. Bumba, ein Riese, erbrach die Sterne, die Sonne und den Mond. So entstand das Leben auf der Erde. »Dann erhob er sich in die Lüfte und verschwand.« [98] Und nur als Querverbindung: Auch der die Dogon unterweisende Lehrmeister Nommo kehrte nach getanem Werk selbstverständlich in den Himmel zurück.

Was braucht es noch? Ich habe noch viel mehr!

In den 50er-Jahren des vergangenen Jahrhunderts wurde in Ninive die Tontafelbibliothek des Assyrerkönigs Assurbanipal, der von 669–626 v. Chr. regierte, ausgegraben. Darunter befand sich auch das *Etana-Epos*. Es ist heute im Britischen Museum in London zu bestaunen. Die Tafeln schildern einige Erlebnisse des sumerisch-babylonischen Königs Etana – und die haben es in sich. Etana bittet den Gott Samas, ihm das Kraut der Unsterblichkeit zu verschaffen. Samas schickt ihn zum »Adler«, und der erkundigt sich nach Etanas Begehren. Doch das verflixte Kraut der Unsterblichkeit ist nur außerhalb unseres Planeten zu finden, und so transportiert der »Adler« den Etana über die Erde hinaus:

> »Als er ihn eine Weile emporgetragen hatte, spricht der Adler zu ihm, zum Etana: ›Schau, mein Freund, wie das Land geworden ist. Blick auf das Meer.‹ Und das Land sieht aus wie ein Berg und das Meer wie ein Wasserlauf. Als er ihn wieder eine Weile emporgetragen hatte, sagte der Adler zu ihm, zu Etana: ›Schau, mein Freund, wie das Land geworden ist.‹ Und die Erde sah aus wie eine Baumbepflanzung. Noch höher sagte der Adler dem Etana: ›Das Land ist geworden zu einem Mehlbrei und das weite Meer so groß wie ein Wassertrog.‹ Und nochmals trug er ihn höher und sagte: ›Mein Freund, blicke hin, wie das Land verschwunden ist.‹ Ich blickte hin, wie die Erde verschwunden war, und am weiten Meer sättigten sich meine Augen nicht. ›Mein Freund, ich will nicht zum Himmel aufsteigen, mache Halt, damit ich zur Erde zurückkehre.‹« [72]

»The Eagle has landed«, lautete die Meldung der *Apollo-11*-Astronauten nach dem Aufsetzen auf dem Mond. »Der Adler ist gelandet.« Die heutigen Erdbewohner wussten nicht, dass die Mondlandefähre »Eagle« ihren Namen aus dem babylonischen *Etana-Epos* bezogen hatte. Und dort ging es eindeutig um eine Weltraumfahrt über die Erde hinaus. Beschrieben vor Jahrtausenden.

Ähnliches erfährt man anhand japanischer Überlieferungen. Diese sind in den 30 Büchern des *Nihongi* (auch als *Nihonshoki* bezeichnet) enthalten, und gleich zu Beginn wird klargemacht, dass ursprünglich mehrere Wesen vom Firmament herabstiegen:

> »Als nun zuerst die ›Susan o Wo no Mikoto‹ zur Erde herabstiegen, da rollte das große Meer wie Donner und geriet in Bewegung, und die Berge und Hügel stöhnten laut. Alles infolge der Heftigkeit der göttlichen Natur.« [73]

Als Querverbindungen seien hier die Hinweise auf das altindische Epos *Mahabharata* und den biblischen Propheten Hesekiel genannt. Im *Mahabharata* ist zu lesen:

> »Bhima flog mit seiner Vimana auf einem ungeheuren Strahl, der den Glanz der Sonne hatte und dessen Lärm wie das Getöse eines Gewitters war.«

Bei Hesekiel heißt es:

> Ich aber sah, wie ein Sturmwind […] daherkam und eine große Wolke, umgeben von strahlendem Glanze […], und wenn sie gingen, hörte ich ihre Flügel rauschen gleich dem Rauschen großer Wasser und ein Getöse wie das in einem Heerlager […].« (Hesekiel, Kapitel 1, Vers 15 ff.) **(Bild 17)**

Verblüffend? Nein. Unsere Vorfahren beschrieben ihre Begegnungen mit Außerirdischen. »Mythen« und »Visionen« zauberten erst die heutigen Religionspsychologen daraus.

Bild 17: Künstlerische Darstellung von Hesekiels Vision

Im *Kojiki*, einem der Bücher des *Nihongi*, schickt die Sonnen-göttin Amaterasu ihren Enkel Ninigi auf die Erde. Der landet im westlichen Teil der japanischen Insel Kyūshū auf einem Berg und bringt drei Gegenstände mit: einen Metallspiegel, ein besonderes Schwert und eine Juwelenschnur. Diese drei himmlischen Gegenstände existieren noch heute, und Millio-nen von Japanern verehren sie. Der »heilige Spiegel« liegt im innersten Schrein des Tempels in der Stadt Ise auf der Insel Honschu. Das besondere Schwert wird im Tempel von Nagoya in Mittel-Honschu aufbewahrt, und die Juwelenschnur gehört zu den kaiserlichen Insignien im Palast des japanischen Kai-serhauses. Doch religiöse Vorschriften verbieten das Berühren oder gar eine wissenschaftliche Untersuchung dieser Gegen-stände. So ist der heilige Spiegel von vielen Tüchern umwi-ckelt. Droht einer der Lumpen aus Altersgründen zu zerfallen, so werden neue Tücher um die alten herumgewickelt, denn niemand darf das Innere dieses Wunderpaketes zu Gesicht be-kommen. Unfassbar! Da liegt ein außerirdischer Gegenstand in einem japanischen Tempel, und keiner darf ihn anfassen. Mich erinnert das an die Bundeslade der Israeliten, die »nicht von dieser Welt« sein soll und von der man weiß, wo sie liegt (unter der Marienkathedrale der äthiopischen Stadt Axum). Übrigens sind die Japaner bis auf den heutigen Tag davon überzeugt, dass ihr Kaiser nicht irdischen Ursprungs sei. Der Enkel jenes himmlischen Ninigi war der Jimmu-Tenno. Das Wort Tenno bedeutet »vom Himmel«. Und tatsächlich lässt sich die japanische Dynastie bis zur Sonnengöttin Amaterasu zurückverfolgen. In der jüngeren Vergangenheit besuchte jeder Tenno nach seiner Ernennung zum Kaiser den Tempel von Ise, um vor dem Schrein mit dem umwickelten Spiegel seine Aufwartung zu machen. In früheren Jahrhunderten reiste der Kaiser in einem geschlossenen Ochsenwagen – heute in einem Salonwagen der Eisenbahn. Nicht nur das japanische Kaiserhaus, sondern auch das Volk ist davon überzeugt, dass der ursprüngliche Jimmu-Tenno, jener Ninigi aus dem Weltall, in dem Grabmal auf der Insel Honschu liege. Vor Jahrzehnten versuchte ich, für eine TV-Dokumentation eine Erlaubnis zum Besuch jenes berühmten Grabes zu erhalten. Es war nicht möglich. Nur Angehörige des Kaiserhauses dürfen in die Nähe der Gruft. Immerhin konnte ich mit einem Helikopter einige Runden über der Insel drehen.

Im Buch *Tango fudoki* fand ich eine höchst verblüffende Überlieferung über einen außerirdischen Besuch im Alten Japan:

> *»Im Dorf Tsutsukaha im Distrikt Josa lebte einst ein Mann namens Inselkind. Der fuhr einmal aufs Meer hinaus, um zu angeln. Weil er nichts fing, schlief er ein und erwachte abrupt wegen eines außergewöhnlichen*

Geräusches am Firmament. Während er noch nach oben schaute, stand plötzlich ein hübsches Mädchen neben ihm. Verdattert fragte Inselkind die Fremde, wie sie in sein Boot gelangt sei, und das Mädchen antwortete: ›Ich kam aus den Lüften her.‹ Dann sagte sie: ›Ich bin vom Himmel herabgekommen. Bitte unterhalte dich in Liebe mit mir. Wenn du meinen Worten Folge leisten willst, so schließe deine Augen und lass sie ein Weilchen geschlossen.‹ Inselkind tat wie gewünscht, und als sie ihm erlaubte, die Augen wieder zu öffnen, befand er sich an einem völlig fremden Ort. Aus einem leuchtenden Palast schritten sieben Knaben und die trugen den Namen Hyaden. [Das sind Sterne im Sternbild des Stiers.] Dort lernte Inselkind die Eltern des hübschen Mädchens kennen, und die erklärten ihm den Unterschied zwischen der Menschenwelt und der himmlischen Residenz. Nach 3 Jahren befiel Inselkind eine Sehnsucht nach der Erde. Er wünschte, die irdische Luft wieder zu atmen und seine Eltern zu sehen. Das Mädchen bemerkte seine Unzufriedenheit, fragte ihn nach dem Grund und er antwortete: ›Du hast mich weit weg in das Land der Götter gebracht. Ich habe Sehnsucht nach der Erde und möchte meine Eltern nochmals sehen.‹ Da bat sie ihn, seine Augen lange geschlossen zu halten, weil das Licht ihn blenden würde. Als er sie wieder öffnete, befand er sich zu Hause, umgeben von den bekannten Hügeln. Weil er sein Heim nicht finden konnte, fragte er einen Bewohner, wo das Haus der Familie Inselkind liege. Niemand wusste es, und er wurde zu einem alten Mann gebracht. Der sagte: ›Du fragst nach dem Haus von Inselkind? In alten

Bilder 18 und 19:
Dogu-Figuren in Japan

Zeiten lebte hier ein Mann dieses Namens, doch der fuhr zur See hinaus und wurde nie wieder gesehen. Seither sind über 300 Jahre verstrichen. Weshalb fragst du nach ihm?« [73]

Der Kern der Geschichte schildert eine Zeitverschiebung bei interstellaren Reisen mit hoher Geschwindigkeit. Für Inselkind waren 3 Jahre verstrichen – auf der Erde hingegen rund 300 Jahre. Doch über Zeitverschiebungen konnte vor Jahrtausenden niemand etwas wissen, denkt man. Die Überlieferung im Buch *Tango fudoki* ist Jahrtausende alt. Und jene himmlischen Besucher werden heute noch in Form von Figuren dargestellt. Man nennt sie Dogus. **(Bilder 18 + 19)** Plumpe Gestalten mit geschlossenen Helmen und dicken Brillen vor den Augen.

Selbst das Volk der Inuit im fernen Grönland kennt Geschichten von ehemaligen Technologien aus dem Weltall. Niedergeschrieben im *Book of the Eskimos*:

»Die ersten Menschen waren viel größer als heutige Menschen. Mit ihren magischen Häusern konnten sie fliegen, und die Schneeschaufeln bewegten sich selbstständig und schaufelten den Schnee von allein. Wenn die damaligen Menschen andere Nahrung wünschten, setzten sie sich einfach in ihre fliegenden Häuser und flogen damit an andere Plätze. Aber eines Tages beschwerte sich jemand über den Lärm, den die fliegenden Häuser verursachten, wenn sie durch die Lüfte flogen. Da verloren die Häuser ihre Fähigkeit, und seither sind die Menschen an ihre Iglus gebunden […]. In jener Zeit fiel oft Feuer vom Himmel.« [74]

Die *Bibel*, die vor mir liegt, umfasst rund 1000 Seiten. Doch diese 1000 Seiten voll biblischer Geschichten sind ein Rinnsal verglichen mit dem Schriftmaterial aus dem Alten Indien. Da gibt es die Veden (altindisch Weda/Veda = Wissen), die älteste Literatur Indiens. Prof. Dr. Dileep Kumar Kanjilal, langjähriger Rektor des Sanskrit-Departementes an der Universität von Kalkutta, schreibt, die Veden seien viel älter als die spätere Sanskritliteratur. [75] Ihr Ursprung ist »übermenschlich«. Insgesamt existieren vier große Blöcke der vedischen Literatur: Die 1028 Hymnen des *Rigveda* befassen sich mit den einzelnen Göttern, das altindische Epos *Mahabharata* beinhaltet 160 000 Verse, das *Ramayana* 25 000 Schloken (indisches Versmaß), und schließlich gibt es noch die *Puranas*. Alles in allem rund 560 000 Verse. Nachfolgend beziehe ich mich auf die Übersetzung des *Mahabharata* von Professor Potrap Roy aus dem Jahr 1896 und jene des *Ramayana*, die von Manmatha Nath Dutt aus dem Jahr 1891 stammt. In diesen Texten werden sowohl die Konstruktion von fliegenden Wagen als auch die Fahrten ins Weltall beschrieben:

> »*Während Kalki noch spricht, kommen vom Himmel herab zwei sonnengleich strahlende, aus Edelsteinen aller Art bestehende, sich von selbst bewegende Wagen vor ihnen angefahren, von strahlenden Waffen geschirmt […]. Sowohl der König wie auch die Würdenträger setzten sich nun in den himmlischen Wagen. Sie erreichten die Weite des Firmaments […]. Der Himmelswagen überflog die Erde über die Ozeane und wurde dann Richtung der Stadt Avantis gesteuert, wo gerade ein Fest abgehalten wurde. Das Vimana stoppte, damit der König dem Fest beiwohnen konnte. Nach*

dem kurzen Zwischenhalt startete der König wieder
unter den Augen unzähliger Zuschauer, die den Him-
melswagen bestaunten.« [76]

Dieser Text braucht so wenig eine Erläuterung wie der nächste. Auch er stammt aus dem *Mahabharata*:

»*Als die Weltenhüter gegangen waren, wünschte Arju-*
na, der Schreck der Feinde, dass Indras himmlischer
Wagen zu ihm gelange. Und mit Matali kam plötzlich
im Glanze des Lichtes der Wagen an. Finsternis aus der
Luft scheuchend und erleuchtend die Wolken, die Welt-
gegenden erfüllend mit Getöse, dem Donner gleich. Es
war ein himmlisches Zaubergebilde, ein augenrauben-
des, fürwahr. Auf den Wagen stieg dann er, der glän-
zend wie des Tages Herr. Mit dem Zaubergebilde fuhr
er, dem sonnenähnlichen Wagen nun, dem Himmli-
schen empor, freudig, der weise Spross aus Kurus
Stamm. Als er sich nun dem Bezirke näherte, der un-
sichtbar den Sterblichen, den Erdenwandelnden, sah
Himmelswagen er, wunderschön zu Tausenden. Dort
scheint die Sonne nicht, der Mond nicht, dort glänzt
das Feuer nicht, sondern im eigenen Glanz leuchtet da,
was als Sternengestalt unten auf der Erde gesehen wird,
ob großer Ferne gleich Lampen, obschon es große, eige-
ne Körper sind.« [77]

Realistischer geht es kaum mehr, und wer angesichts dieser
Aussage immer noch zweifelt, der möge getrost an seinem
Verstand zweifeln. »[…] dort scheint die Sonne nicht, der
Mond nicht […], sondern im eigenen Glanze leuchtet da, was

unten auf der Erde gesehen wird, ob großer Ferne gleich Lampen, obschon es große, eigene Körper sind.«

In seinem Werk *Vimana in Ancient India* zitiert der Sanskritgelehrte Prof. Dr. Dileep Kumar Kanjilal mehrere Texte aus den Veden, die unzweifelhaft fliegende Fahrzeuge beschreiben. Das beginnt im *Rigveda* mit den Hymnen, die an die göttlichen Zwillinge gerichtet sind. Dort werden die Flugapparate als Rathas bezeichnet. Diese Flugwagen waren sehr komfortabel. Man konnte mit ihnen nicht nur in die oberen Wolkenschichten fliegen, sondern auch ins Weltall. Die fliegenden Paläste waren riesig und bestanden aus drei Teilen. Drei Personen waren zu ihrer Bedienung notwendig. Die Vehikel verfügten über drei Räder, die während des Fluges eingezogen wurden. Bemerkenswert ist auch die Tatsache verschiedener Treibstoffzutaten, die allerdings heute nicht eindeutig übersetzt werden können. Worte wie »madhu« oder »anna« bedeuten etwas wie Honig und Flüssigkeit, wobei das Element Quecksilber den Treibstoffen stets beigemischt wurde. Ausdrücklich wird in den *Rigveda*-Texten klargestellt, dass diese Fahrzeuge sich am Firmament ohne Zugtiere bewegten. Nachfolgend einige Textauszüge, zusammengestellt von Prof. Dr. Kanjilal:

- »Gemeinsam mit Khara bestieg er das fliegende Fahrzeug, das mit Juwelen geschmückt war. Es bewegte sich mit Lärm, der dem Donner aus den Wolken glich.« (*Rigveda* 3, 35, 6–7)
- »Besteige dieses Fahrzeug, das in die Luft steigen kann. Nachdem du Sita verführt hast, magst du hingehen, wohin du willst. Ich werde sie auf dem Luftweg nach

Lanka bringen [...]. So bestiegen Ravana und Maricha das Luftfahrzeug, das einem Palast glich.«
(*Rigveda* 3, 42, 7–9)

o »Du Schurke glaubst Wohlstand zu erlangen, indem du dieses Luftfahrzeug beschaffst?«
(*Rigveda* 3, 30, 12)

o »Dann erschien das selbstständige Luftfahrzeug, das die Geschwindigkeit des Gedankens hat.«
(*Rigveda* 4, 48, 25–37)

o »Dies ist das vorzügliche Luftfahrzeug, das Puspaka genannt wird und wie die Sonne glänzt.«
(*Rigveda* 4, 121, 10–30)

o »Das fliegende Fahrzeug erhob sich mit einem lauten Getöse in die Luft.«
(*Rigveda* 4, 123, 1)

o »Alle Haremsdamen des Affenkönigs Sugriva beendigten eiligst die Dekorationen und bestiegen das fliegende Fahrzeug.«
(*Rigveda* 4, 123, 2–55) [75]

Die im *Ramayana* erwähnten Luftfahrzeuge konnten zwölf Personen transportieren und enthielten verschiedene Kammern. Sie starteten am Morgen in Lanka (früher Ceylon) und erreichten Ayodhaya am Nachmittag, wobei sie zwei Zwischenlandungen – in Kiskindhya und Vasisthasrama – absolvierten. Das entspricht einer Distanz von 2880 Kilometern, die in 9 Stunden zurückgelegt wurde. In den Texten des *Sabhaparvan* (auch *Sabha Parva*, Bestandteil des *Mahabharata*) wird beschrieben, wem diese Fahrzeuge gehörten. Besitzer waren die »himmlischen Söhne«, die auf die Erde gekommen waren, um die Menschen zu studieren. Diese himmlischen

Söhne bewegten sich nach Belieben im Weltraum und auf der Erde. Verschiedene Konstruktionen ihrer Fluggeräte werden beschrieben, die am Firmament ihre Bahnen zogen. Einige unter ihnen waren gigantisch und glänzten wie Metalle am Himmelsgewölbe. Sie enthielten nicht nur Nahrung und Getränke, sondern auch furchteinflößende Waffen. Das Gebilde, das sich um die eigene Achse drehte, hieß Hiranyapura und wurde auch als »Stadt aus Gold« bezeichnet. In den Kapiteln 168–173 des *Vanaparvan* (auch *Vana Parva*, Bestandteil des *Mahabharata*) wird eine Schlacht zwischen den himmlischen Söhnen, die hier oft auch als Dämonen bezeichnet werden, beschrieben:

> *»Eine fürchterliche Schlacht entbrannte, während welcher die Luftstadt hoch hinausgeschleudert wurde und sich dann wieder der Erde näherte. Sie kippte von einer Seite auf die andere. Dann feuerte Arjuna ein tödliches Geschoss ab, das die ganze Stadt in Stücke riss und sie auf die Erde stürzen ließ.«*

Im *Drona Parva*, das ebenfalls ein Bestandteil des *Mahabharata* ist, wird auf Seite 690 in Vers 62 beschrieben, wie drei Weltraumstädte die Erde umkreisen. Es kam zum Krieg:

> *»Civa, der diesen vorzüglichen Wagen flog, der aus all den himmlischen Kräften zusammengesetzt war, bereitete sich auf die Zerstörung der drei himmlischen Städte vor [...]. Als dann die drei Städte am Firmament zusammentrafen, durchbohrte sie Gott Mahadeva mit seinem schrecklichen Strahl aus dreifachen Gürteln.«*

Der Text ist im Jahr 1888 aus dem Sanskrit ins Englische übersetzt worden. Kein Mensch hatte damals eine Ahnung von Mutterraumschiffen (= Städte am Firmament). Und wer einwendet, mit »himmlischen Städten« seien heilige Orte auf der Erde gemeint gewesen, scheitert unweigerlich an der Feststellung der »drei Städte *am Firmament*«.

Prof. Dr. Kanjilal: »Allein im *Mahabharata* gibt es 41 Textstellen, welche fliegende Fahrzeuge beschreiben.« [75] Darunter auch solche, die keine andere Interpretation als diejenige von Weltraumfahrzeugen zulassen. In den *Rigveda*-Abschnitten 1.166.4 bis 5.9 wird nicht nur auf das Echo des Startlärms von Fluggeräten hingewiesen, sondern auch darauf, wie Bäume umgerissen wurden und Gebäude wackelten. Diese phänomenalen vorgeschichtlichen Beschreibungen sind im Übrigen nicht auf Indien beschränkt, sondern sie finden sich genauso im Alten Ägypten. Jeder Besucher des Landes am Nil kennt die geflügelte Sonnenscheibe des Gottes Horus. Farbenreich leuchtet sie von Hunderten von Tempeln und Friesen. Dazu geben die Pyramidentexte Erläuterungen und Beschreibungen, welche – wie könnte es in unserer nichtwissenden Gesellschaft anders sein – immer aus dem Zeitgeist heraus erklärt und damit fehlinterpretiert werden.

»Darauf flog Hor-Hut in Form einer großen Sonnenscheibe mit Flügeln daran zur Sonne empor […]. Als er von der Höhe die Feinde erblickte, stürmte er so gewaltig auf sie ein, dass sie ihn weder mit ihren Augen sahen noch mit ihren Ohren hörten [= Überschallgeschwindigkeit]. Hor-Hut, buntfarbig glänzend, kehrte in seiner großen, geflügelten Sonnenscheibe in das Schiff des Ra-Harmachis zurück.« [80]

Dasselbe, was in diesem Pyramidentext festgehalten ist, wird an einer Wand des Tempels von Edfu in Ägypten wiederholt. Nicht zufälligerweise: Der Gott Ra hatte ausdrücklich Anweisung gegeben, dass das Bild der geflügelten Sonnenscheibe überall angebracht werden solle:

»*Es fuhr Harmachis in seinem Schiffe, und er landete bei der Stadt Horus-Thron. Es sprach Thoth: ›Der Strahl, der erzeugt ist von Ra […]. Bringe an diese Sonnenscheibe an allen Stätten der Götter in Unterägypten, an allen Städten der Götter in Oberägypten und an allen Stätten der Götter.‹*«

200 Jahre nach Cheops regierte in Ägypten der letzte Herrscher der 5. Dynastie, Unas (2356–2323 v. Chr.). Seine Pyramide in Sakkara ist übersät mit Hieroglyphen, darunter auch solchen über eine Weltraumfahrt des Pharaos. Diese Texte werden von den Fachleuten in sogenannte Utterances (= Sprüche) aufgeteilt.

(Utt. 511) »Nur schreit vor Freude, bevor ich zum Himmel aufstieg. Der Himmel [= das Firmament] donnerte für mich, die Erde schüttelt sich.«

(Utt. 267) »Eine Treppe zum Himmel ist für mich aufgestellt, damit ich zum Himmel aufsteigen kann […]. Ich fliege hoch wie ein Vogel und leicht wie ein Käfer auf dem leeren Thron deiner Barke, oh Ra […], und ich darf auf deinem Platz sitzen und donnerte über den Himmel in deiner Barke, oh Ra. Ich darf in deiner Barke vom Land abheben.«

(Utt. 482 C) »Möge ich hoch fliegen zum Himmel wie der große Stern in der Mitte des Ostens.«

(Utt. 434) »Du hast jedem Gott, der seine eigene Barke besitzt, geholfen, damit er sich am Sternenhimmel einrichten kann.« (Utt. 480) »Wie wunderbar zu beobachten, wenn dieser Gott zum Himmel emporsteigt, genau wie Atum, der Vater des Königs, zum Himmel aufsteigt.«

(Utt. 482) »Du sollst zum Firmament aufsteigen.«

(Utt. 553) »Die Tore des Himmels sind offen für dich, die Tore des Firmaments sind offen für dich.«

(Utt. 584) »Die Türen, welche im Firmament sind, wurden für mich geöffnet, die Metalltüren liegen offen für mich.« [79]

Und so weiter. Seitenlang. Himmelstüren öffnen sich, Metallleitern werden bestiegen, Pharaonen dürfen mitfliegen, Sand wird aufgewühlt, und die Verursacher des Spektakels sind immer die Götter. Getreu der Logik des gerade herrschenden Zeitgeistes zimmerten die bodenständigen Ägyptologen daraus Träume der Pharaonen. Die hätten sich ihre Himmelfahrten in einem Leben nach dem Tod vorgestellt. Aber der Begriff »Himmel« bedeutet auch »Weltall«, insbesondere, wenn »der Himmel« mit Attributen wie »Rauch«, »Feuer«, »Beben« und/oder »Sterne« in Verbindung steht. Zudem sind die Texte über die fliegenden Götter schließlich nicht auf Ägypten beschränkt. Das Thema ist international. An dieser modernen Denkweise ist rein gar nichts antiwissenschaftlich. Unsere intelligenten Vorväter, jene Exegeten, welche die alten Tex-

Bild 20: Geflügelte Sonnenscheibe über dem Eingang des Tempels
von Dendera, Ägypten

te vor 200 Jahren übersetzten, *konnten* nun einmal nichts
wissen von Flugzeugen und Weltraumschiffen. Verständlich
also, dass ihre Übersetzungen der alten Schriften dem religiösen Dogma folgten. Inzwischen hat sich der Zeitgeist verän-
dert. Und unübersehbar prangt über jedem ägyptischen Tempel die geflügelte Sonnenscheibe. **(Bild 20)** Die Alten Ägypter
waren nicht doof. Sie wussten genau, dass die wirkliche Sonne am Firmament nicht fliegt – die Götter in ihren Barken
hingegen schon.

Kritiker haben auch schon eingewendet, jene fliegenden Fahrzeuge in alten Texten würden sich auf irdische, also auf der
Erde hergestellte Vehikel beziehen. Immerhin wird im altäthi-
opischen *Kebra Nagast* festgehalten, dass der König Salomon
einen eigenen Flugwagen betrieben habe, den er »dank seiner

Weisheit« herstellen konnte. [64] Doch in der gesamten Frühgeschichte der Menschheit wird nirgendwo von einer »Evolution der Technologie« berichtet. Es gab keine Entwicklungslabors, Fabriken, Planungsingenieure, Metalllegierungen, Maschinen, Elektrizität etc. Alles war auf einmal da – und noch dazu auf einem Höchststand. Eine Entwicklungsgeschichte hat nicht stattgefunden. Weshalb ist das so? Weil die Technologien nicht von der Erde stammten. Sie kamen von außen. Von den Göttern.

In der indischen Geschichte des *Mahabharata* geht es um den Kampf zwischen zwei Königsgeschlechtern. Jenes der Kurus soll von einem König der Monddynastie abstammen und zwei Brüder hervorgebracht haben: den älteren Dhritarashtra und den jüngeren Pandu. Der Jüngere beherrschte den Thron, weil sein Bruder blind war. Aber dieser Blinde liebte die Frauen und zeugte nicht weniger als 108 Söhne – die Kauravas. Der jüngere Pandu brachte es nur auf fünf Söhne: die Pandavas. Weil Pandu starb, als seine Söhne noch minderjährig waren, entstand ein Bruderkrieg. Mit verschiedenen Listen versuchten die Kauravas die minderjährigen Pandavas aus dem Weg zu räumen. Zuerst forderten die Kauravas die Pandavas zu einem Würfelspiel heraus, das Letztere verloren. Sie wurden gezwungen, einen Teil ihres Königreichs abzugeben und das Land auf die Dauer von 13 Jahren zu verlassen. Nach Ablauf dieser Frist forderten die Pandavas ihr Königreich zurück, aber die Kauravas weigerten sich. Damit begann der wohl fürchterlichste Krieg der antiken Weltliteratur. Entsetzliche Götterwaffen kamen zum Einsatz, und insgesamt wurden »18 große Einheiten« vernichtet. Nach heutiger Berechnung waren das 4 Millionen Menschen.

Das vorhergehend Geschriebene stellt sozusagen das Geripppe des *Mahabharata* dar. Immer wieder erbaten die Helden des Krieges von ihren himmlischen Vorfahren neue Waffen. Schließlich stammten sie ursprünglich von einem König der Monddynastie ab. Und jene Himmlischen schauten den Schlachten mit einer derartigen Begeisterung zu, als ginge es gerade einmal um Spielfiguren. So erbat der Held Vasudeva von seinem Gott Agni, welcher der Gott des Feuers war, eine Waffe. Agni schenkte ihm den Diskus Charka. Dieser Diskus würde – wie ein Bumerang – stets wieder zum Angreifer zurückkehren.

Im *Pana Parva*, dem dritten Buch des *Mahabharata*, erbittet Arjuna eine Waffe von seinem Gott Shiva, und der überreicht sie ihm mit den Worten:

> *»Ich will dir meine Lieblingswaffe Pashupata geben. Niemand kennt sie. Du musst dich sehr vorsehen, damit du sie nicht falsch anwendest, denn sie kann die ganze Welt zerstören.«* [62]

Arjuna setzte die Waffe ein, sie wirkte wie ein verheerender Blitz, der alles zu Asche zerfallen ließ. Denen, die weiter entfernt waren, fielen die Haare und die Nägel aus. Töpferwaren wurden zu Staub, und alle Nahrung wurde giftig. Auch die ungeborenen Kinder im Mutterleib starben. Bei dem nachfolgenden Text aus dem *Mahabharata* denkt man unweigerlich an Hiroshima und Nagasaki:

> *»Es war, als seien die Elemente losgelassen. Die Sonne drehte sich im Kreise. Von der Glut der Waffe versengt*

taumelte die Welt in Hitze. Elefanten waren von der Glut angesengt und rannten wild hin und her [...], das Wasser verdampfte [...], das Toben des Feuers ließ die Bäume reihenweise stürzen. Tiere und Streitwagen verbrannten, Tausende von Wagen wurden vernichtet. Dann senkte sich die Stille. Es bot sich ein schauerlicher Anblick. Die Leichen der Gefallenen waren von der fürchterlichen Hitze derart verstümmelt, dass sie nicht mehr wie Menschen aussahen. Niemals zuvor haben wir eine derart grauenhafte Waffe gesehen, und niemals zuvor haben wir von einer derartigen Waffe gehört.«

Zum Vergleich einige Sätze aus dem babylonischen *Gilgamesch-Epos*:

»Es schrie der Himmel, Antwort brüllte die Erde. Ein Blitz leuchtete auf, ein Feuer entbrannte, es regnete Tod. Die Helle verschwand, es erlosch das Feuer. Was vom Blitz geschlagen war, wurde zu Asche.« [78]

Das alles sollen keine Argumente für Außerirdische sein? Da die beschriebenen Kriege definitiv nicht in *geschichtlicher* Zeit stattfanden, in den letzten Jahrtausenden also, einer Zeit, über die wir Bescheid wissen, können sie sich nur in *vorgeschichtlicher* Zeit abgespielt haben. Welcher Mensch kannte damals die Wirkung von Atomwaffen? Von Waffen, die auch noch »die ungeborenen Kinder im Mutterleib« töteten? Es wird noch eindeutiger: In der Abteilung XLII des *Vana Parva* (Bestandteil des *Mahabharata*) werden unter dem Titel »Indralokagamana Parva« nicht nur entsetzliche Zerstörungen beschrieben, sondern es wird auch klar vermittelt, woher die Waffen, welche diese anrichteten, kamen:

> *»Und während Gudakesha, ausgestattet mit großer Intelligenz, noch überlegte, erschien der Wagen, versehen mit gewaltiger Überlegenheit und gesteuert durch Matali, aus den Wolken. Er erleuchtete das ganze Firmament und erfüllte die Gegend mit Getöse, dem Donner gleich. Geschosse in schrecklicher Form und geflügelte Pfeile von himmlischer Pracht [winged darts of celestial splendour] und Lichter in glänzender Pracht sowie Blitze und Tutagudas [nicht übersetzbar], versehen mit Rädern, und sie arbeiteten mit der Ausdehnung der Atmosphäre [atmospheric expansion] und verursachten einen Lärm wie das Donnern aus vielen Wolken – all dies war Bestandteil des fliegenden Wagens. Und an dem Himmelswagen waren auch wilde Nagas [nicht übersetzbar] mit heißen Öffnungen. Und der Himmelswagen hob an wie von tausend goldfarbenen Pferden gezogen und erreichte die Geschwindigkeit des Windes. Sehr schnell erreichte der Himmelswagen durch seine ihm innewohnende Kraft eine Geschwindigkeit, dass das Auge ihm nicht mehr zu folgen vermochte [that the eye could hardly mark its progress]. Und Arjuna sah an dem himmlischen Wagen auch eine Art von Fahnenstange [flag-staff], Vaijaynta genannt, die in der Färbung einem dunklen Smaragd glich und mit golden glänzenden Ornamenten versehen war [...]. Arjuna sagte: ›Oh Matali, Wunderbarer, wie du ohne Verlust von Zeit diesen hervorragenden Himmelswagen lenkst, als würden sich Hunderte von Pferden mit ihren Kräf-*

ten vereinen. Selbst Könige mit großem Reichtum sind nicht in der Lage, diesen Himmelswagen zu lenken [...].‹ Und Arjuna stieg mit dem Zaubergebilde, dem sonnengleichen Wagen, dem Himmlischen, empor, der weise Spross aus Kurus Stamm. Der Himmelswagen bewegte sich mit außerordentlicher Geschwindigkeit und wurde für die Sterblichen auf der Erde rasch unsichtbar.«

Es sollte nicht überlesen werden, dass über eine Geschwindigkeit geschrieben wird, welcher »das Auge nicht mehr zu folgen vermochte«, und dass der Wagen schließlich »für die Sterblichen *auf der Erde* rasch unsichtbar« wurde. Gemeint sind Weltraumfahrzeuge der Götter. Ich zitiere diese Überlieferungen deshalb ausführlich, weil ich annehmen muss, dass kaum ein Leser Gelegenheit hat, die Texte im Original zu kontrollieren. Englische Übersetzungen des *Mahabharata* findet man nur in großen Landesbibliotheken. Um die Kontrolle zu erleichtern, gebe ich die Quelle inklusive des exakten Abschnitts innerhalb des *Mahabharata* an: Abteilung XLIII des *Vana Parva*.

»Und die Himmelsstadt von Indra, welche Arjuna erreichte, war ein Ort der Erholung für Siddhas und Charanas [...]. Und Arjuna erblickte himmlische Gärten, in denen himmlische Musik erklang. Und dann, dort oben, wo die Sonne nicht mehr scheint und auch der Mond nicht und wo das Feuer nicht mehr glänzt, sondern alles im eigenen Glanz leuchtet, sah Arjuna andere Himmelswagen, zu Tausenden, die fähig waren, nach dem Willen der Götter überall hinzugehen, aufgereiht an ihren Plätzen [and he beheld there cre-

*lestial cars by thousands, capable of going everywhere
at will of the gods stationed in proper places]. Und
dann bemerkte er Zehntausende solcher Wagen, die
sich in alle möglichen Richtungen bewegten. Was unten auf der Erde wegen der großen Entfernung wie
Lampen aussieht, sind in Wirklichkeit große, eigene
Körper.«* [75]

In dieser unglaublichen Geschichte, die immerhin schon vor
Jahrtausenden in Indien niedergeschrieben wurde, wird weiter berichtet, wie Arjuna alle Abteilungen eines Weltraumha-
bitats besucht und die verschiedenen Waffen der Götter zum
Test vorgeführt bekommt. Das Trainingsprogramm, umgeben
vom Luxus der Himmlischen, dauerte volle 5 Jahre. [He lived
for full five years in heaven, surrounded by every comfort and
luxury.] Selbst Musik wurde ihm vorgespielt, »die in der Welt
der Menschen nicht existiert«.

Was sich heute geradezu märchenhaft liest, waren weder Er-
findungen noch Träume. Vor Jahrtausenden beherrschten nur
wenige Menschen das Schreiben. Und die begannen ihre Berichte mit Tatsachen und nicht mit einer Art von vorgeschichtlicher Science-Fiction. In Gesprächen wird mir immer wieder
nahegelegt, Menschen hätten nun einmal den Wunsch nach
einer ultimativen Waffe verspürt, wenn sie von Feinden be-
drängt wurden. Die Fantasie unserer steinzeitlichen Vorfahren
dürfte aber gerade ausgereicht haben, um sich die Wirkungen
von Steinschleudern, Pfeilen, Speeren oder Naturgewalten wie
Vulkanausbrüchen und Erdbeben vorzustellen. Was aber
Strahlenwaffen anging, die Haare und Nägel ausfallen ließen
und auch noch die ungeborenen Kinder im Mutterleib töteten,

so dürfte dies eine Dimension gewesen sein, welche die Fantasie unserer Vorvorderen bei Weitem überstieg. Auch das Argument, Menschen hätten immer das Begehren verspürt, es den Vögeln gleichtun und fliegen zu können, hält keiner Analyse stand. Es existieren nun einmal keine Vögel, die einen fürchterlichen Lärm verursachen, der Berge und Täler erzittern lässt. Vögel benötigen keine Piloten, die zudem speziell geschult werden mussten. Vögel verfügen auch über keine Motoren mit irgendeinem Quecksilberantrieb. Und Vögel fliegen schon gar nicht hinaus ins Weltall. Arjuna, der Held des *Mahabharata*, befand sich aber eindeutig außerhalb der Erde, denn schließlich wird beschrieben, dort draußen sei weder die Sonne noch der Mond sichtbar!

Im Abschnitt »Kathasaritsagara«, das zum *Vana Parva* gehört und damit Bestandteil des *Mahabharata* ist, wird ein Luftfahrzeug beschrieben, »das nie auftanken musste« [82] und Menschen in ferne Länder jenseits der Meere transportierte. Ein König mit dem unaussprechlichen Namen Narabahanadutta habe auf seiner Fahrt nach Kaushambi eintausend Menschen mitgenommen. Das schafft nicht einmal ein Jumbojet unserer Gegenwart. Die Innenräume des fliegenden Palastes seien mit Teppichen ausgelegt gewesen, und die Fluggäste konnten durch kleine Fenster die Länder unter ihnen betrachten. Piloten dieses Fahrzeuges waren Menschen, wobei klar darauf hingewiesen wird, wer ihre Lehrmeister waren. Die Götter – wer sonst?

Im *Ramayana* ist nachzulesen, wie der Bösewicht Rawana die zauberhafte Sita in einem Wagen der Lüfte, welcher der Sonne glich, entführte. Die Reise führte über Täler, Wälder, Seen und

hohe Berge. Weder die Hilferufe der gekidnappten Sita noch
ihre Gebete konnten den Entführer zur Rückkehr bewegen.
Als Rama von der Entführung seiner geliebten Sita erfuhr, gab
er das militärisch knappe Kommando: »Man fahre unverzüglich den Wagen der Lüfte heraus!« [83] In der Zwischenzeit
hatte der Bösewicht Rawana bereits das offene Meer erreicht.
Rama stellte ihn zum Luftkampf und schoss seinen Gegner
mit einem »himmlischen Pfeil« ab. Doch vorher rettete Rama
seine Geliebte Sita aus dem abstürzenden Vehikel.

Dieser Rama, der Held der Geschichte, hatte viele seltsame
Verbündete. Einer davon war der »König der Affen«, der sich
je nach Wunsch in einen Riesen oder einen Zwerg verwandeln
konnte. Sein Fahrzeug brachte Felsen zum Erzittern, alle Tiere
flohen entsetzt und verkrochen sich in ihren Schlupfwinkeln.
Wenn Rama von einer Stadt aus startete, schwappten die Tei-
che über, und der brennende Schwanz des Luftfahrzeuges ent-
fachte große Brände. Bäume und Türme stürzten ein, und die
Lustgärten wurden verwüstet. Das erinnert mich an das *Kebra
Nagast*, das Buch der äthiopischen Könige. [64] Dort hatte
Baina-Lehkem, ein Sohn von König Salomon, mit seinem
Himmelsgefährt Ägypten überflogen. Die Ägypter beklagten
sich, dass der Flugwagen Statuen und Obelisken zum Einsturz
brachte und Felder verbrannte.

Es ist lachhaft, diese Beschreibungen mit psychologischem
Wunschdenken wegdiskutieren zu wollen. Gerade die erdge-
bundenen Menschen, die zur Sonne starren, müssten doch eigentlich annehmen, dort draußen sei es hell. Sie beschreiben
stattdessen aber die Schwärze des Weltalls. Zudem widerspre-
chen die antiken Überlieferungen allen evolutionären Vorstel-

lungen. Nach denen hätte die menschliche Gesellschaft langsam, aber stetig Technologien entwickelt. Das trifft auf die Entwicklung vom Speer zu Pfeil und Bogen, von der Steinschleuder bis zum Panzer zu. Aber nicht auf Weltraumschiffe. Unsere Vorfahren, gerade aus der Steinzeit entlassen, konnten die beschriebenen Weltraumvehikel mitsamt ihren Legierungen, Navigationsinstrumenten, Antrieben und grauenhaften Götterwaffen nicht erfinden. In der gesamten Sanskritliteratur existiert nicht eine einzige Zeile, die über Fabriken, Fortschritte in der Planung sowie Ausführung von irdischen fliegenden Fahrzeugen berichtet. Es gibt nichts, was Schritt für Schritt entstanden wäre. Hätte es etwas Derartiges gegeben, wäre die Menschheit bereits vor Jahrtausenden auf dem Mars gelandet. Zudem sind die antiken fliegenden Fahrzeuge auch unserer gegenwärtigen Technologie haushoch überlegen. Wie bewegen wir uns denn heute im Weltall? Mit lächerlichen »Büchsen«, die einen Antrieb besitzen, wie es ihn schon in den 1940er-Jahren gab. Unsere Weltraumvehikel sind keine Raumschiffe mit verheerenden Waffensystemen, sondern kleine Hohlkörper, in denen zwei oder drei Astronauten zusammengepfercht sind. Doch die Fahrzeuge der Antike konnten spielend den Mond und die Sterne erreichen. Sie konnten stehen bleiben, wann und wo immer sie wollten, und verfügten über Energiesysteme, von denen wir heute nur träumen. Die *Mahabharata*-Sektion CLXV, »Nivata-Kavacha yuddha Parva«, lässt wissen:

> *»Gesteuert durch Matali, plötzlich das Firmament erleuchtend, anzusehen wie Feuerzungen ohne Rauch oder wie ein leuchtender Meteor aus den Wolken, tauchte das Himmelsfahrzeug auf.«* [62]

Vögel? Träume? Wunschdenken? Vergesst es! Wer nicht erkennen will, was in den alten Texten vermittelt wird, will es nicht wahrhaben. Es passt nicht in seine Vorstellungswelt. Umdenken! Es führt kein Weg daran vorbei. Prof. Dr. Dileep Kumar Kanjilal demonstriert es:

- »Die großartige Person, die das himmlische Fahrzeug bestieg, wurde selbst von den Göttern bewundert.«
- »Oh du, Uparicara Vasu, die geräumige, fliegende Maschine wird zu dir kommen, und du wirst wie eine Gottheit sein, wenn du in diesem Fahrzeug sitzt.«
- »Wie durch einen Zauber kam das Luftfahrzeug zu Kunti.«
- »Oh du, Abkömmling der Kurus, jener böse Mensch kam auf dem selbstständig fliegenden Gefährt, das sich überallhin fortbewegen kann und als Saubhaoura bekannt ist.«
- »Als er aus dem Blickfeld der Sterblichen entschwunden war, hoch oben am Firmament, sah er Tausende seltsame Luftfahrzeuge.«
- »Er betrat Indras göttlichen Lieblingspalast und sah Tausende von fliegenden Fahrzeugen. Einige nur abgestellt, andere in Bewegung.«
- »Die Gruppen von Maruts kamen in göttlichen Luftfahrzeugen, und Matali, nachdem er so gesprochen hatte, nahm mich mit in sein fliegendes Gefährt und zeigte mir die anderen Luftfahrzeuge.«
- »Der große Herr übergab ihm ein sich selbstständig bewegendes Luftfahrzeug.«
- »Die Götter erschienen in ihren eigenen fliegenden Fahrzeugen, um dem Kampf zwischen Kripacarya

und Arjuna beizuwohnen. Selbst Indra, der Herr des Himmels, kam mit einem speziellen fliegenden Fahrzeug, das 33 göttliche Wesen aufnehmen konnte.« [75]

Prof. Dr. Kanjilal erklärt, der Begriff »Vimana« werde in der gesamten buddhistischen Literatur als Bezeichnung für ein Luftfahrzeug verwendet. So wird im *Vimana-Vatthu*, das zum *Mahabharata* gehört, über einen glänzenden Palast berichtet, der außerhalb der Erde schwebte. In den Werken des indischen Dichters Kalidasa wird die Fahrt von Rama in einem solchen Vimana präzise beschrieben. Die Meeresküste wird mit der Kante eines dünnen Eisenrades verglichen. Das Luftfahrzeug bewegte sich auf und ab, manchmal in den hohen Wolken, dann in tieferen Schichten, in denen Vögel fliegen. Nach dem Flug über Teile des Ozeans, einige Flüsse, Seen und eine Einsiedelei landete das himmlische Fahrzeug in Uttarakoshala. Die Menschen versammelten sich an der Landestelle und betrachteten das Luftfahrzeug mit großem Staunen. Rama verließ es über eine aus Metall bestehende Treppe. Erwähnt werden einige verblüffende Einzelheiten wie die, dass die Räder des Luftfahrzeuges weder Staub aufwirbelten noch ein Geräusch verursachten. Auch hätten die Räder den Boden nicht berührt.

Immer wieder vermerken die Skeptiker, wenn »der Däniken« recht hätte, müsste es in der frühgeschichtlichen Literatur von Beschreibungen über außerirdische Besucher wimmeln. Genau das tut es auch! Doch der herrschende Zeitgeist will nichts davon wissen. Er ist zu eingebildet – zu rechthaberisch. Vor zig Jahrtausenden gab es für die Menschen nichts Wichtigeres als die Götter. Die Texte, die ich zitiere, stammten aber vorwiegend aus dem Alten Indien. Was ist mit dem Rest der Welt?

Sie existierten auch dort, diese Bücher, doch Naturkatastrophen und die menschliche Rechthaberei zerstörten sie. Darüber wusste vor über 2000 Jahren schon der Grieche Platon Bescheid. Festgehalten im Dialog *Timaios*:

> »*Um sie denn zu den Mitteilungen über die Urzeit zu veranlassen, brachte er einmal die Rede auf die ältesten Zeiten Griechenlands […]. Kaum nämlich, dass es bis zur Entstehung des Schriftwesens und all dessen, was die Kultur erfordert, gekommen ist, da ergießt sich schon wieder wie eine Krankheit die Flut des Himmels über euch und lässt nur Leute davonkommen, die vom Schriftwesen nichts verstehen […]. So kommt es, dass ihr immer wieder gleichsam von Neuem jung werdet, ohne jede Kunde von dem, was sich in alten Zeiten ereignet hat.*« [84]

Der Mensch wütete nicht weniger als die Natur. In der Antike wurden mehrere Flutkatastrophen beschrieben – nicht nur die biblische Sintflut. Und in Ägypten ließ schon der Pharao Ramses III. (1221–1156 v. Chr.) eine riesige Bibliothek anlegen – die in mehreren Kriegen restlos zerstört wurde. Selbst Julius Cäsar (100–44 v. Chr.), immerhin ein hochgebildeter Mensch, ließ die Bibliothek von Alexandrien abfackeln. 700 000 Bücher gingen in Flammen auf. Daraufhin wurden Herolde in alle Landesteile geschickt, um die Bücher von kleineren Gemeinden nach Alexandria zu bringen. So entstand eine neue Bibliothek. Doch der römische Kaiser Diokletian (ca. um 230–313) gab Auftrag zu ihrer Zerstörung. Selbst ein dritter Versuch, die Alexandrinische Bibliothek wieder entstehen zu lassen, scheiterte. Theodosius I. (347–395) ließ sie anzünden. Nochmals wurden

Tausende von Schriften zusammengetragen. Diesmal war es der Kalif von Damaskus, Umar ibn al-Chattab (592–644), der keine Bücher von besiegten Völkern duldete. Also ließ er die Bäder der Stadt damit heizen. Und dies gleich volle 6 Monate. Sogar der viel gepriesene Alexander der Große (356–323) handelte nicht klüger. Er befahl die Vernichtung aller Bücher des *Avesta*. Das waren die religiösen Texte der Parsen. Ähnliches taten die Päpste während ihrer Amtszeit. Im Jahr 1242 wurden auf Veranlassung von Papst Gregor IX. (1227–1241) 24 Wagenladungen jüdischer Bücher verbrannt. Sie waren aus dem gesamten französischen Königreich zusammengetragen worden. Man nannte das Ganze die *Talmud*-Verbrennung. In Paris loderten die Feuer 2 Tage lang. Weitere Befehle zu Bücherverbrennungen erließen Innozenz IV. (1243–1254), Clemens IV. (1256–1268) sowie Johannes XXII. (1316–1334). Und in Zentralamerika ließ – wie im 1. Kapitel beschrieben – Diego de Landa sämtliche Bücher der Maya und Azteken abfackeln.

In diesen Schriften wären wohl alle Angaben über jene »himmlischen Götter« zu finden gewesen. Inklusive jener Daten über ihre Heimatsysteme. Und wenn das heute noch vorhandene Material schon für einen schlüssigen Beweis ausreicht, jene Götter als fremde Astronauten festzunageln, wie überwältigend müsste die Beweislast dann erst *mit den nicht mehr vorhandenen* Büchern sein? Unsere Archäo- und Ethnologen, felsenfest verankert im gerade herrschenden Dogma, wollen nichts von alldem zur Kenntnis nehmen. Sie befassen sich nicht mit diesen Texten – und wenn doch, dann erkennen sie darin bestenfalls verschrobene Mythen. Archäologie wie Ethnologie sind zwei durch und durch konservative Forschungszweige – betrieben von geistreichen, humorvollen und integren Wissenschaftlern. Unvermeidlicherweise müssen sie an ihren Hochschulen alle denselben Einheitsbrei einer Lehre büffeln, die sich stur am evolutionären Prinzip orientiert. Alles entwickelte sich vom Niederen zum Höheren, und das langsam, stetig und eines aus dem andern. Der Spezialist für mittelamerikanische Kulturen weiß nichts über indische Überlieferungen, und jener für Ägypten hat keinen Schimmer von den phänomenalen Bauten im Hochland von Bolivien. Ein Indologe hat das Alte Testament nie studiert und weiß dementsprechend nichts über die Landungen eines Raumfahrzeugs, wie sie vom Propheten Ezechiel beschrieben wurde. In diesen Kreisen existieren keine Außerirdischen. Für Archäo- und Ethnologen sind sie Humbug, Spinnereien von Menschen à la Däniken, mit deren Arbeiten man sich nicht befasst. Und sollte sich ein Gelehrter tatsächlich für außerirdische Besuche auf der Erde interessieren, würde er augenblicklich von seinem eigenen Fachkreis ausgeschlossen. Was nicht sein darf, das kann nicht sein. Dasselbe gilt für die Medien. Bis cs ein Journalist einmal geschafft hat, Kulturredakteur zu werden, muss er seine Seriösität bewiesen haben. Mitmachen. Ein ernsthaftes Glied der Gesellschaft sein. Einheitsbrei. Der Zeitgeist ist wie Glocken, die läuten – ringsherum: dumm, dumm, dumm …

Also befasse ich mich mit den alten Schriften, die noch existieren. Gibt es etwas, das sämtliche Kulturen überlieferten, egal, wie weit voneinander entfernt sie lebten? Oh ja! Dass die Götter aus dem Weltall kamen, ist allen Überlieferungen gemeinsam. Dass sie zu Lehrmeistern der jungen Menschheit wurden, ebenso wie die Tatsache, dass sie Kriege gegeneinander führten. Gemeingut sind auch die Sagen über »himmlische Eier«, in denen sich die Götter fortbewegten. In seinem

Buch *Enträtselte Vorzeit* weist der Ethnologe Karl F. Kohlenberg auf das Volk der Melaniden hin. [86] Ihre Urväter wollen auf einer »weißen Insel« im damaligen Gobi-Meer (heute Wüste Gobi) in »metallenen Eiern« gelandet sein. Genauso wie Tan, der Gott der Maori, auf Neuseeland. Der überbrückte eine »endlos lange Zeit in einem Ei«, bevor er schließlich auf der Erde landete. [86] Und auf der Osterinsel im Pazifischen Ozean werden die Götter als »Herren des Weltraums« verehrt. [86] Unter ihnen Makemake, der Gott der Luftbewohner. Sein Symbol ist das Ei. So stehen (beziehungsweise liegen) denn seit Urzeiten auf der Osterinsel nicht nur die berühmten Statuen mitsamt ihren Köpfen herum, sondern auch steinerne Eier. Nicht anders ist das im Hochland von Tibet. Im heiligen Buch *Kandschur* wird über »Perlen und Kugeln am Himmel« berichtet [87], in denen sich die Götter fortbewegten. Auch Viracocha, der Urgott der Inka in Peru, dessen vollständiger Name eigentlich Viracocha Tachayachachic lautet, landete mit einem Ei auf dem Titicacasee. [88] Auf Tahiti im Pazifischen Ozean, weitab gelegen von anderen Kulturen, berichtet die Überlieferung über den dortigen Urgott:

> »*Ta'aroa weilte in seiner Muschel unzählbare Zeiten lang. Die Muschel war wie ein Ei und drehte sich im endlosen Raum, in dem nicht Himmel oder Land und nicht Mond oder Sonne war. Alles war Dunkelheit, eine immerwährende, dichte Dunkelheit. Die Muschel leuchtete gleich einer Sternschnuppe auf, sobald Ta'aroa aus der Sternenwelt zur Erde kam.*« [89]

Götter aus dem Weltall, wo immer man sucht! Die Wissenschaftler der Gegenwart interessiert das nicht. Ihre Welt braucht keine Außerirdischen. Wer die ins Gespräch bringt, wird sofort als »pseudowissenschaftlich« abqualifiziert. Das Wort wirkt zuverlässig abschreckend. Jeder angeblich Pseudowissenschaftliche wird von seinen Fachkollegen gemieden. Modern ausgedrückt: Gecancelt. Doch die »Eier«, aus denen einst Götter stiegen, existieren nun mal. In China kennt man die Legende um den König von Hsü, der mit einem Ei vom Mond zur Erde reiste. [90] Ähnliches geschieht im finnischen Nationalepos, dem *Kalewala*. Dort sprengt der Göttersohn Vainämöinen das eiserne Ei seiner Mutter, um auf die Erde gelangen zu können. [93] In seinem bekannten Buch *Auf Schneeschuhen durch Grönland* berichtet Fridtjof Nansen über die Ursagen der Tungusen. Das erste Götterpaar sei mit einer »silbernen Gondel«, vergleichbar einem Ei, vom Himmel herabgestiegen. [94] Selbst der Stamm der Bakairi, der am oberen Rio Xingu in Brasilien lebt, weiß von einem ursprünglichen Menschenpaar, vergleichbar Adam und Eva, das mit einem Ei vom Firmament herniederstieg. Der Indiostamm der Chibcha (= Menschen) lebt im ostkolumbianischen Hochland. Der spanische Chronist Pedro Simon unterhielt sich mit seinen Priestern und zeichnete seine Entstehungsgeschichte auf:

> »Es war Nacht. Noch gab es irgendetwas von der Welt. Das Licht war in einem großen Etwas-Haus verschlossen und kam daraus hervor. Dieses Etwas-Haus ist Chiminigagua, und es barg das Licht in sich, damit es herauskam. Im Scheine des Lichts begannen die Dinge zu werden.« [95]

Der Begriff »Etwas-Haus« ist mit einem Ei vergleichbar. Ähnlich verhält es sich im *Ägyptischen Totenbuch*:

Bild 21: Steinkugeln in Costa Rica

»Oh Götter-Ei, erhöre mich! Ich bin Horus von Jahr-
millionen. Ich bin der Herr und Meister des Throns.
Vom Übel erlöst durchziehe ich die Zeiten und Räume,
die grenzenlos sind.« [97]

Entweder beobachteten unsere Vorfahren weltweit dasselbe,
oder die Überlieferungen haben einen gemeinsamen Ursprung. (Immerhin berichtet die *Bibel*, vor dem Turmbau zu
Babel hätten alle Menschen dieselbe Sprache gesprochen.)
Götter, die aus Eiern kommen? Die Ureinwohner Costa Ricas
hämmerten ihre »Götterkugeln« sogar aus dem Stein – und

dies gleich zu Hunderten. Einige liegen zwischen Urwaldrie-
sen mitten im Dschungel und müssen schon da gelegen haben, bevor die Bäume wuchsen. Nachdem das geschehen war,
konnten sie nicht mehr herangerollt werden. Andere thronen
auf den Gipfeln von Hügeln, und unzählige »Steineier« findet
man im Diquis-Delta. Ihre Durchmesser liegen zwischen einigen Zentimetern und 2,5 Metern. Die Schwerste unter ihnen
wiegt rund 20 Tonnen. Im Golfo Dulce, einer Bucht, findet
man fünfzehn Steineier in einer Reihe liegend. Zwölf weitere
nördlich der Sierra Brunquera unweit des Städtchens Uvita.
Zwei dieser Steinbälle liegen sogar auf der kleinen Insel Cama-

ronal – es gibt keine Erklärung dafür, wie sie dort hingelang-
ten. Und – was schwer zu verstehen ist – eine Kugel mit einem
Durchmesser von rund 1 Meter thront sogar auf dem Gipfel
der Cordillera Brunquera. Wurde sie hinaufgerollt? Falls ja,
wie? Die Bewohner von Costa Rica transportierten auch einige der Kugeln in ihre Städte und Dörfer. Dort werden sie von
Touristen in Gärten oder auf Straßenkreuzungen bestaunt.
(Bild 21) Alle Kugeln bestehen aus Lava oder Granit. Erstaunlich ist auch die Tatsache, dass keine der Kugeln in der Nähe
von Steinbrüchen auftaucht. Bis heute fehlt jede Spur der »Fa-
brikanten«. Auch die lokale Archäologie weiß nicht, wann
und von wem diese steinernen Eier hergestellt wurden. Die
Einheimischen nennen sie Sky Balls (= Himmelskugeln) oder
Indian Balls. Es wurde auch schon vermutet, sie würden die
Sonne repräsentieren. Doch gerade in Zentralamerika wurde
die Sonne stets als goldene Scheibe oder als Rad dargestellt.
Auch in Bezug auf die Herstellung der Kugeln herrscht das
große Rätselraten. Jede Kugel ist perfekt rund und weist keinerlei Abweichung von dieser Rundung ab. Die Archäologin
Dr. Doris Stone befasste sich 2 Jahre lang mit den Steineiern
von Costa Rica. Sie schloss ihren wissenschaftlichen Bericht
mit dem resignierenden Satz: »Die Kugeln von Costa Rica
müssen zu den ungelösten megalithischen Rätseln der Welt
gezählt werden.« [102]

Szenenwechsel: Im Tassili-Gebirge in der algerischen Sahara
entdeckte der französische Ethnologe Henri Lhote an den
Felswänden eiförmige Gebilde, aus denen Menschen steigen.
Die Felszeichnungen werden auf etwa 6000 v. Chr. datiert. [96]
Steinkugeln und Eier als Symbole für die Herkunft der Götter?
Man kann es auch simpler interpretieren: Das Huhn kam aus

dem Ei – genau wie der Mensch. Wären da nicht die Begleitumstände wie Feuer, Rauch, lautes Tosen und das Beben der Erde. Eier hingegen sind ja eher geräuschlos.

Ich wies bereits auf die japanische Sonnengöttin Amaterasu hin, die einen göttlichen Spiegel aus dem Weltall mitbrachte. Dieser existiert immer noch. Und Jahr für Jahr pilgert der japanische Kaiser zum Tempel auf der Insel Honschu, in dem der Spiegel untergebracht ist, um diesem himmlischen Gegenstand die gebührende Ehre zu erweisen. Allerdings kann auch er diesen angeblichen Spiegel nicht sehen. Der ist nämlich mit Tüchern umwickelt, die nie entfernt werden. Ein ähnlicher »Spiegel« geistert durch die zentralamerikanischen Kulturen. Die dazugehörige Geschichte wurde von Frau Gisela Ermel zusammengestellt, die Journalistin ist und ihre Untersuchungen, belegt mit unzähligen Quellen, in Nummer 2/2023 des Magazins *Sagenhafte Zeiten* veröffentlichte. [99] Mit ihrer Erlaubnis zitiere ich nachfolgend eine Zusammenfassung ihrer phänomenalen Recherche.

Unter den Spaniern, die im 15. Jahrhundert Zentralamerika heimsuchten, befand sich auch der Missionar Bernardino de Sahagún (1499–1590). Der verfasste ein 12-bändiges Werk über seine Erkenntnisse. [100] Unter anderem berichtete er über einen seltsamen Gegenstand, den aztekische Götter in der Hand hielten. Sie selbst bezeichneten das Objekt als »rauchenden Spiegel«. Dieser »Spiegel« sollte ursprünglich ein himmlischer Gegenstand gewesen sein, und durch ihn konnten die Priester ihre Götter anrufen. Gisela Ermel: »Bei Thronbesteigungszeremonien der Azteken pflegte ein als Tezcatlipoca verkleideter Mann zu erscheinen, der mit diesem Spiegelsymbol ausgestattet war.« Der »Spiegel« wird dem Gott Tezcatlipoca zugeschrieben, und es heißt von ihm, dass er wie eine Gold-platte geschimmert habe – »von den Azteken Itlachcaya ge-nannt«. Durch den »Spiegel« konnte der Gott alles sehen, was in der Welt gerade passierte. Frau Ermel erwähnt den Chronis-ten Juan Bautista Pomar (1535–1601), der über diesen kurio-sen »Spiegel« schreibt und wissen lässt, dass die Eingeborenen das Ding als »sprechenden Spiegel« bezeichnet hätten. Er habe die Größe einer halben Orange gehabt. »Sie sagen, dass sie in diesem Spiegel Tezcatlipoca sehen. Der habe ihr Volk früher auf seinen Wanderungen geführt und durch den Spiegel mit ihnen gesprochen.« [101]

Ein sprechender Gegenstand? Wie war das schon wieder mit dem Herrn Moses in der *Bibel*? Der konnte sich doch auch mit seinem »Gott« über große Distanzen hinweg unterhalten. Ei-nem »Gott« übrigens, der mit Rauch, Lärm und Beben aus den Wolken herniedergefahren war und die Israeliten auf ih-ren Wanderungen dirigierte. Wie sehr sich doch die Inhalte gleichen. Hüben wie drüben.

Die Zeit der Dämmerung ist angebrochen. Nur bei unseren Archäo- und Ethnologen dämmert nichts. Kein Licht in der Dunkelheit.

Mein langjähriger Sekretär Ramon Zürcher machte mich darauf aufmerksam, dass wir Heutigen tagtäglich einen »Spiegel« anru-fen, der uns alle Informationen liefert. Man nennt ihn »Tablet«.

Ein anderes Rätsel, über das man in der Öffentlichkeit nur sehr selten etwas erfährt, stellen die vielen Quecksilberfunde in antiken Anlagen dar. Quecksilber in jahrtausendealten Grüften? Was soll das? Quecksilber hat die Eigenschaften von Edelmetallen und ist in reinem Zustand sehr beständig. Das silbrige Zeug erstarrt bei einer Temperatur von 38,82 Grad Celsius zu einer kristallisierenden Masse. Quecksilber löst die meisten anderen Metalle auf, auch Gold, Silber, Kupfer, Blei und sogar Platin – allerdings erst bei höheren Temperaturen. Transportiert wurde das Zeug in Behältern aus Glas, in glasierten Krügen oder in mit Glimmer beschichteten Behältern.

Woher kommt das Quecksilber? Es lässt sich aus Erzen herauslösen, indem diese erhitzt oder mittels Essig gewaschen werden. Im Altertum wurde Quecksilber dem Planeten Merkur zugeschrieben. Der griechische Philosoph Aristoteles, der im 4. Jahrhundert v. Chr. lebte, nannte es »flüssiges Silber«. Besonders interessant ist, dass Quecksilber in den altindischen Texten immer als einer der Treibstoffbestandteile der fliegenden Maschinen genannt wurde. Diese Treibstoffe bestanden aus Spezialmischungen, deren meiste Zutaten heute nicht übersetzbar sind. Doch Quecksilber gehörte zuverlässig dazu. Kurioserweise fand man Quecksilber auch in den Gräbern von antiken Persönlichkeiten. Im März 1974 stießen chinesische Bauern unweit von Lintong (Provinz Shaanxi) auf einen Grabhügel, in dem später rund 7000 tönerne Soldaten des Kaisers gefunden wurden. Aufgereiht in Marschformation. Dazu eine Nachbildung des Flusses Yangzi: aus Quecksilber.

25 000 Kilometer Luftlinie von Lintong entfernt liegt die Mayastadt Copán. Auch dort gab es Quecksilberfunde. Hier die Details:

Ricardo Agurcia arbeitete ein Jahrzehnt lang als Direktor der Ausgrabungen von Copán. Der Ort liegt im feuchtheißen Dschungel von Honduras. Im Frühjahr 1992 entdeckte Agurcia einen unterirdischen Tempel. Inzwischen nennt man den oberirdischen Teil *Templo Numero 16*, den unterirdischen »Rosalia«. Logischerweise muss »Rosalia« viel älter sein als der Tempel darüber. Der Archäologe Nikolai Grube schrieb dazu: »Man kommt aus einem Tunnel heraus und steht plötzlich vor einer riesigen Wand: 12 Meter hoch, der Frontseite des alten Tempels, leuchtend in blau, rot und ocker.« An dieser Tempelwand hingen die Masken von Götter- oder Menschengesichtern sowie die »über 2 Meter große Maske des obersten Vogelgottes mit zahlreichen, bestens erhaltenen Ornamenten«. Auf der Treppe fanden sich einige Mayahieroglyphen, die damals nicht entziffert werden konnten. Heute meinen die Fachleute, die Anlage sei von einem König namens Mond-Jaguar gebaut worden. Tief unter »Rosalia« befindet sich eine Kammer, die niemand betreten konnte: Sie war randvoll mit dem hochgiftigen Quecksilber gefüllt.

Inzwischen wurden auch in der ältesten Mayastadt, Tikal, unterirdische Räume mit Quecksilber gefunden. Dasselbe gilt für Palenque – und sogar im fernen Ägypten wurde man diesbezüglich fündig. In einer Gruft auf dem Berg Nabta, 1350 Kilometer südlich von Kairo gelegen, fand man das Metall. Die Anlage ist der Göttin Hathor gewidmet – der Göttin der Wissenschaften.

Quecksilberdämpfe sind giftig. Ist das der Grund, weshalb Mayagötter und -priester Masken tragen? Sogar solche, die mittels Schläuchen mit einem Tank auf dem Rücken verbunden sind? Weshalb sollen sowohl die Alten Chinesen als auch die Ägypter und die Maya Quecksilber gehortet haben? Weil die Götter es als Treibstoffbeimischung benötigten. Und ihre Flugrouten reichten von Kontinent zu Kontinent. Was war das überwältigende Motiv an der Tempelwand von Copán? Der sogenannte Vogelgott. Wer war der Erbauer dieses Tempels? König Mond-Jaguar. Und wer wurde von sämtlichen zentralamerikanischen Kulturen als oberste Gottheit verehrt? Die fliegende Schlange. Die Zusammenhänge sind eindeutig. Unsere verblendete Wissenschaft will sie nicht sehen. Sturheit à la carte.

Um Quecksilber zu transportieren, beispielsweise im Tank eines fliegenden Fahrzeuges, muss es isoliert werden. Es löst ja schließlich die meisten Metalle auf: nicht aber Glimmer. Dabei handelt es sich um ein Mineral, das in einem Jahrmillionen Jahre andauernden Prozess im Gebirge entsteht. Granit – Gneis – Glimmer. Dieser Glimmer lässt sich zu dünnen Schichten aufspalten. Heute verwendet man dünne Glimmerplatten als Hitzeisolation in Hochöfen. Das Material hält hohe Temperaturen aus. Zudem ist das Zeug resistent gegen alle organischen Säuren. Die entstehen beispielsweise im Boden durch abgestorbene Pflanzen und können auch Gestein durchfressen. Nun wurde 1978 in Teotihuacán, jener gigantischen Tempelanlage unweit von Mexiko City, eine unterirdische Glimmerkammer entdeckt. Damals machte die Direktion für Archäologie in Mexiko ein heiliges Geheimnis daraus. Weshalb? Man fand keine Erklärung für diesen Raum aus Glimmer. Ausgerechnet dank der Hilfe eines mexikanischen Archäologen, der sich über die Geheimniskrämerei ärgerte, schaffte ich es, diese Glimmerkammer zu besichtigen und später darüber zu schreiben. [18] Heute bekommen auch hartnäckige Touristen, wenn sie denn stur auf ihrem Wunsch beharren und das nötige Kleingeld bereithalten, diese Glimmerkammer zu Gesicht. Wo findet man sie?

Die Pyramiden- und Tempelstadt Teotihuacán liegt rund 30 Kilometer von Mexico City entfernt und ist ein MUSS für jeden Mexiko-Touristen. Von Norden nach Süden verläuft eine 3 Kilometer lange Prunkstraße; der sogenannte *El Camino de la Muerte* = die Straße der Toten. Rechts und links davon befinden sich diverse Tempel zu Ehren der gefiederten Schlange – zu wessen Ehre denn sonst? – und am Ende der Straße die gewaltige Mondpyramide, ein Komplex mit der Grundfläche von 150 x 200 Metern. Linker Hand dieser Pyramide steht die Sonnenpyramide. Mit ihrem quadratischen Grundriss von 222 x 225 Metern ist sie noch größer als die Mondpyramide. Wobei – und das gilt auch für Ägypten und andere Örtlichkeiten – all diese Bezeichnungen wie »Mondpyramide« oder »Sonnenpyramide« von unseren Archäologen stammen. Wie diese künstlichen Berge aus Stein bei den Erbauern genannt wurden, weiß niemand. Die Glimmerkammer liegt rechts von der Sonnenpyramide. Dort steht eine kleine Metalltafel mit der Inschrift »MICA«. Das englische Wort für Glimmer. Nach einigen Metern taucht eine Eisenplatte am Boden auf, gesichert mit mehreren Vorhängeschlössern. Wird die Platte gehoben, glitzert und glänzt es im dunklen Loch, als blicke man auf Glas. Es ist Glimmer. Kurioserweise liegt diese Glimmerschicht, die rund 7 Zentimeter Dicke aufweist, eingebettet zwischen zwei künstlich angelegten Mauerschichten – und diese »Mauerschichten« wiederum bilden die Decke eines darunterliegenden Raumes. Kompliziert? **(Bild 22)** Mauer – Glimmer – Mauer, und das Ganze ist die Decke eines darunterliegenden Raums.

Bild 22: Glimmerschicht in Teotihuacan, Mexiko

Bisher wurden 34 Meter dieser Glimmerschicht freigelegt, und niemand begreift, was das einstmals sollte. Weshalb wurde ein unterirdischer Raum mit einer Decke aus Glimmer abgeschirmt? Fragen über Fragen. Dieser Glimmer hat jedenfalls phänomenale Eigenschaften. Er ist elastisch, zugfähig und zudem hitzebeständig bis zu 800 Grad Celsius. Auch plötzliche Temperaturschwankungen machen ihm nichts aus. Er ist immun gegen Säuren und ein starker Isolator gegen Elektrizität.

Von der Kammer unter dieser Glimmerdecke führen zwei Röhren ins Gestein nach irgendwo. Beide sind inwendig mit Glimmer isoliert. Hallo! Glimmerröhren stellen High-Tech dar. Sie mögen zu den Göttern passen, aber niemals zu den Eingeborenen, die Teotihuacán vor über 2000 Jahren erbaut haben sollen. Neueste Forschungen ergaben auch »Kanäle« unter der Mondpyramide. Gerade hoch genug, um einen Menschen in gebückter Stellung hindurchzulassen.

Wie in Ägypten wird auch in Mexiko die Öffentlichkeit nicht über den jeweils aktuellen Stand der Grabungen informiert. Man will unter sich bleiben. Zwar werden sporadisch Pressemitteilungen herausgegeben, doch die enthalten nur die halbe Wahrheit. Übrig bleiben die Fragen: Weshalb gibt es mit Glimmer abgedeckte Räume? Mit Glimmer isolierte Röhren? Die Erbauer müssen ganz genau gewusst haben, dass nur Glimmer ihren Zwecken diente, denn er wurde aus großen Entfernungen nach Teotihuacán herangeschafft. Vor Ort gibt es keinen Glimmer. Der wächst im Granit. Beispielsweise im Schweizer Gotthardgebirge oder in Österreichs Hochalpen. Größere Glimmervorkommen gibt es in Südafrika, den Rocky Mountains der USA oder um den Baikalsee in Russland. Die zentralamerikanischen Berge bestehen vorwiegend aus Vulkangestein. Der Glimmer, der in Teotihuacán eingesetzt wurde, stammt aus den nordamerikanischen Rocky Mountains. Die Erbauer mussten zuerst einmal wissen, wo sich die nächsten Glimmervorkommen befanden. Dieses Wissen fehlte den Steinzeitkulturen. Wie immer man es dreht: die Rätsel mehren sich. Dem Zeitgeist ist's wurscht – es interessiert ihn nicht. Sollte es aber, denn die gesamte Hochtechnologie im Altertum mitsamt den beschriebenen Flugmaschinen beweist die ehemalige Anwesenheit von Außerirdischen. Und die haben unseren Vorfahren schließlich versprochen, in einer fernen Zukunft auf die Erde zurückzukehren. Interessiert es uns Menschen immer noch nicht, wenn übermorgen fremde Raumschiffe am Firmament auftauchen? Wäre es aus religiöser wie auch politischer Sicht nicht vernünftiger, die Menschheit langsam darauf vorzubereiten? Alle Politiker schwafeln doch dauernd von Verantwortung. Dazu gehört in erster Linie die Verhinderung einer Massenpanik. Wollen Politiker zusehen, wie eine durchgeknallte Menschheit außer Rand und Band gerät, Massenverwüstungen anrichtet und sich gegenseitig abschlachtet? Weil die eine Seite behauptet, die zurückgekehrten »Götter« seien die Götter *ihrer* jeweiligen Religion? Nur *sie* hätten recht, nur auf *sie* müsse man jetzt hören? Und die andere Seite verbreitet, die Außerirdischen seien gekommen, um uns auszubeuten und zu versklaven? Wir müssten unverzüglich Atomraketen gegen sie zum Einsatz bringen? Wo bleibt die Verantwortung, die Mitmenschen darüber zu informieren, dass jene Außerirdischen, die jetzt am Firmament auftauchen, unsere alten Lehrmeister sind? Und dies ist keine Erfindung von mir. Vor 2000 Jahren schrieb Diodor von Sizilien, Autor einer 40-bändigen historischen Bibliothek, ursprünglich seien die Menschen wie Tierhorden umhergezogen und hätten sich erst bei größeren Gefahren zusammengerottet. Dann seien die Götter aus dem Himmel herabgestiegen und hätten den Menschen die erste Sprache beigebracht. Sie belegten jedes Ding mit einem Namen. Ein Baum ist ein Baum und kein Strauch, ein Fels kein kleines Steinchen und der Herbst die Jahreszeit, in welcher die Früchte reif sind. Erst von den Göttern – so Diodor – lernten die Menschen die Künste, die Astronomie, die Anfertigung von Werkzeugen und die Bebauung des Bodens. Auch das Schreiben brachten die Götter den Menschen bei. Diodor dazu:

> *»Von diesen nämlich sei zuerst die allen verständliche Sprache gegliedert und ausgebildet worden und vieles mit Namen belegt, wofür man bisher noch keinen Ausdruck hatte, und auch die Erfindung der Schrift ist von ihm [Hermes] ausgegangen. Auch ist er der Erste gewesen, der die Ordnung der Gestirne und die Harmonie*

> *der Natur ausfindig machte [...]. Wie man denn zu*
> *Osiris Zeiten ihn als heiligen Schreiber gebraucht ha-*
> *be.«* [110]

Warum nur sträuben wir uns gegen diese Überlieferungen, die vor Jahrtausenden fester Bestandteil des Wissens waren? Es ist unser Eigendünkel, alles sei aus der Evolution gewachsen und wir seien die Spitze davon. Einen Einfluss von Göttern, wie immer die geartet sein mögen, passt uns nicht in den Kram. Haben wir schon einmal darüber nachgedacht, dass diese Götter über unseren Hochmut verärgert sein könnten? Dass sie sich sagen: Was bilden sich diese Menschen eigentlich ein? Sie sind undankbar und wollen uns nicht einmal für unsere Entwicklungshilfe danken? Die können getrost zugrunde gehen …

Jene Götter sind weder damals noch heute gekommen, um uns abzuschlachten. (Wenn das ihr Ziel wäre, hätten sie nicht gewartet, bis wir die Atombombe besitzen. Zudem reicht ein Virus, um die Menschheit auszulöschen.) Und dass sie versprochen haben, zurückzukehren, ist so sicher wie das Amen in der Kirche. Beweisbar.

Im mexikanischen Bundesstaat Tabasco liegt der Ort Tortuguero. Dort steht das Mayamonument *Numero 6* – so die offizielle Benennung. Darauf ist eingemeißelt:

> *»Es wird vollendet sein der 23. Baktun 4 Ajaw 3 Uniiw*
> *[= ein Mayadatum], dann steigt hernieder Bolon Yokte.«*

Dieser Bolon Yokte war einer der Mayagötter. Er taucht auf der sogenannten Vase der sieben Götter auf. Im Tempel Numero

XIV von Palenque erscheint derselbe Bolon Yokte im Zusammenhang mit einem Ereignis, das sich am 29. Juli 931 449 v. Chr. abspielte. Das Datum ist eindeutig entzifferbar. Auch im *Dresdner Codex*, eine der drei Mayahandschriften, welche die spanische Zerstörung überlebte, kommt Bolon Yokte vor – und zwar auf Seite 60. Zudem wird er in den *Chilam-Balam*-Büchern erwähnt. Ganz offensichtlich war er einer jener Weltraumreisenden, die durch die Zeitverschiebungseffekte bei Raumfahrten ein unvorstellbares Alter erreichten. Und dieser Bolon Yokte soll – so die Inschrift auf dem Mayamonument Nummer 6 – auf die Erde zurückkehren. Doch Bolon Yokte ist weiß Gott nicht der Einzige, von dem eine Rückkehr angekündigt wird. Sehnsüchtig erwartet jede Religion die Rückkehr ihres jeweiligen Heilsbringers. In der Christenwelt wird dies im Markusevangelium verkündet (Kapitel 13, Vers 26 ff.):

>*»Und dann wird man den Sohn des Menschen auf den Wolken kommen sehen mit großer Macht und Herrlichkeit. Und dann wird er die Engel aussenden und die Auserwählten versammeln.«*

Der Gedanke an die Wiederkehr von »göttlichen Wesen« ist uralt. Für mich ist klar, wer ursprünglich damit gemeint war: die Außerirdischen. Die hatten den Menschen bei ihrer Abreise versprochen, in einer fernen Zukunft wiederzukehren. Und seither brennt diese Hoffnung in unseren Gehirnen. Festgehalten in unzähligen religiösen Büchern. Im Alten Testament versprechen die Propheten Jesaja und Daniel die Rückkehr eines Messias. Nicht anders ist es in den apokryphen Büchern von Henoch, Baruch und Esra. Bei Henoch liest sich das so:

»Er antwortete mir und sagte: ›Dies ist der Menschensohn, der die Gerechtigkeit hat, bei dem die Gerechtigkeit wohnt und der alle Schätze dessen, was verborgen ist, offenbart; denn der Herr hat ihn ausgewählt […]. Dieser Menschensohn wird die Könige und die Mächtigen von ihren Lagern und die Starken von ihren Thronen sich erheben machen; er wird die Zügel der Starken lösen und die Zähne der Sünder zermalmen. Er wird die Könige von ihren Thronen und aus ihren Königsreichen verstoßen.‹« [65]

Im Glauben an die Wiederkunft schwingt immer eine stille Wut mit, der Messias möge mit der Ungerechtigkeit der Welt radikal aufräumen. Endlich die Bösen und die Herrschenden wegfegen. Der Theologe Dr. Leo Landmann schreibt:

»Die Israeliten haben der Welt drei Geschenke hinterlassen: den Monotheismus, die moralischen Grundsätze und die wahren Propheten. Dem muss ein viertes Geschenk beigefügt werden: der Glaube an den Messias.« [103]

Stimmt nicht. Der Glaube an den Messias ist keineswegs auf Israel beschränkt. Als Beispiel für viele diene der Gott der Parsen, Ahura Mazda. Selbstverständlich soll er irgendwann auf die Erde zurückkehren. Die Überlieferungen der Parsen sind im Buch *Avesta* festgehalten. (Ich behandelte das Thema im Buch *Götterdämmerung* [25].) Nun geht es im vorliegenden Werk um *die ultimativen Belege für einen Besuch von Außerirdischen*. Da dürfen die Parsen nicht fehlen. Deshalb in wenigen Sätzen das Wichtigste aus ihrem heiligen Buch, dem *Avesta*.

[104] Der höchste Gott der Parsen ist, wie ich gerade schrieb, Ahura Mazda. Dargestellt auf unzähligen Tempelwänden und Friesen im Iran. Der Gott sitzt in einem Ring mit Flügeln, die Arme erdwärts ausgebreitet. Die Quadriga Solis, der vierspännige Wagen mit geflügelten Pferden, hat ihren Ursprung in der persischen Lehre. Im Avesta ist der Fixsternhimmel in verschiedene Abteilungen untergliedert, die von unterschiedlichen Heerführern geleitet werden. [105, 106] Dementsprechend steht im 10. Kapitel, Vers 76 des *Yascht* (= einer Unterabteilung des *Avesta*):

> *»[…] der auf einem himmlisch geschaffenen Wagen dahinfliegt, aus dem Lande Arzahi ins Land Xanira […], der Leuchtende, Kluge, durch die himmlischen Regionen Fahrende […]. An den Wagen ziehen vier Renner, weiße, einfarbige, himmlische Nahrung essende Unsterbliche.«*

Wie in allen Religionen erwarten auch die Parsen die Wiederkunft ihrer himmlischen Führer. [107] »Lichtwesen« sollen herniedersteigen. Zarathustra persönlich befragt seinen Gott Ahura Mazda über die Endzeit und erfährt, »All-Überwinder« würden vom Himmel kommen. Nach einer fürchterlichen Schlacht breche ein neues Zeitalter an. In der Heilkunde seien die Menschen dann derart erfahren, »dass sie, selbst hart am Tod, doch nicht sterben«. [107]

Es spielt keine Rolle, welche Religion ich aufgreife. Ausnahmslos jede verkündet die Lehre von der Wiederkunft – selbst im fernen, lange Zeit vom Rest der Welt abgeschotteten Hochland von Tibet. »Der Urgott der Tibetaner, Gesar mit Namen, kam aus dem Weltall und brachte sogar einige außerirdische Gegenstände mit, die heute noch, in Höhlen und Klöstern versteckt, auf ihre moderne Analyse warten.« Schreibt Willi Grömling in seinem sauber dokumentierten Werk über das alte Tibet. [108] Und – wie könnte es anders sein – auch Gesars Rückkehr wird sehnsüchtig erwartet.

Objektive, knallharte Beweise für einen Besuch von Außerirdischen? Der aus dem Weltall kommende Gesar ließ einige Gegenstände zurück. Wo sind sie? In tibetanischen Klöstern. Die japanischen Urkaiser überließen ihren Nachfolgern einen außerirdischen »Spiegel«. Aufbewahrt und mit Tüchern umhüllt im heiligen Tempel von Ise. Der Gott der Israeliten vermachte seinem Volk ein himmlisches Gerät. Die Bundeslade. Sie liegt heute unter der Marienkapelle der äthiopischen Stadt Axum. Die Götter Ägyptens hinterließen ihren Nachfahren Gegenstände für die Generationen nach der Flut. Sie liegen in der Großen Pyramide Ägyptens. Woher will ich das wissen? Aus dem Werk *Hitat* des arabischen Historikers und Geografen Taqī ad-Dīn Abū l-ʿAbbās Ahmad ibn ʿAlī al-Maqrīzī (1364–1442). Der bezog sich auf uralte arabische Texte und schrieb:

> *»Darauf ließ der Erbauer in der westlichen Pyramide dreißig Schatzkammern aus farbigem Granit anlegen. Die wurden angefüllt mit reichen Schätzen […], mit Waffen, die nicht rosten, mit seltsamen Gläsern, die sich zusammenfalten lassen […], dann die verschiedenen Himmelsgewölbe und die Planeten […], auch findet man dort die Fixsterne und das, was sich in ihren Perioden von Zeit zu Zeit begab […], auch die Leichname der Wahrsager aus schwarzem Granit, neben je-*

dem ein Buch, in dem seine wunderbaren Künste und seine Werke beschrieben sind [...]. Außerdem die Schätze der Gestirne, die diesen als Geschenke dargebracht wurden [...], und diese bildeten eine gewaltige Menge.« [109]

Wo sind diese Schätze? Immer noch in der Großen Pyramide. Zwar öffnete der Kalif Abu Dscha'far Abdallah al-Ma'mun (786–833) im Jahr 823 als Erster die Pyramide, ließ aber alle darin gefundenen Schätze unberührt:

»Al-Ma'mun hat die Große Pyramide geöffnet. Ich suchte ihr Inneres auf und erblickte ein großes gewölbtes Gemach [...]. In der Mitte befand sich ein viereckiger Brunnenschacht von 10 Ellen Tiefe. Steigt man in ihn hinab, so entdeckt man auf jeder seiner vier Seiten eine Pforte, die zu einem großen Raum führt, in dem Leichname liegen, die Söhne Adams [...]. Al-Ma'mun ist zu einem größeren Gemach gelangt, in dem die Bildsäule eines Menschen stand, die aus grünem Stein, einer Art Malachit, gefertigt war. Als man sie öffnete, gewahrte man drinnen einen Leichnam eines Menschen, der einen goldenen, mit allerlei Edelsteinen geschmückten Panzer trug. Auf seiner Brust lag etwas wie eine Schwertklinge ohne Griff und neben seinem Haupte ein roter Hyazinth von der Größe eines Hühnereis, der wie eine Feuerflamme leuchtete, [...] und ich fand auch drei Totenbahren, die aus durchsichtigen, leuchtenden Steinen gefertigt waren. Darauf lagen drei Leichname, jeder hatte neben seinem Haupte ein Buch in unbekannter Schrift liegen.« [109]

Außerirdische Gegenstände und Leichen in unbekannten Rüstungen. Ein außerirdischer Spiegel in Japan. Eine außerirdische »Lade« in Äthiopien, außerirdische Bücher und Geschenke in tibetanischen Klöstern – doch der gerade herrschende Zeitgeist nimmt nichts von alldem zur Kenntnis. In hochwissenschaftlichen Konferenzen wird darüber diskutiert, ob's dort draußen Leben gebe, was für Konsequenzen daraus gezogen werden müssten, et cetera blabla. Nur ja nicht vor die eigene Haustür schauen. Wie lange eigentlich erwartet diese Wissenschaft von den Menschen auf der Straße noch ernst genommen zu werden? Man beklagt sich über Fake News, jammert über Verschwörungstheorien und will die Ursache dafür nicht zur Kenntnis nehmen. Es ist die Wissenschaft, die sich unglaubwürdig macht. Die Wissenschaft, die uns tagtäglich ein schlechtes Gewissen über den angeblich vom Menschen verursachten Klimawandel einhämmert, während der Klimawandel in Wirklichkeit genauso zur Erdgeschichte gehört wie der Teufel zur Hölle. Der Alltagsmensch hat ein Gefühl für die Realität. Er merkt, wenn er für dumm verkauft wird – und wendet sich ab. Die Archäo- und Ethnologie verschmäht nicht nur die Zeugnisse aus den Menschheitsüberlieferungen, sie nimmt auch die harten Tatsachen nicht zur Kenntnis.

Da liegt hinter dem Tempel von Sethos I. (um 1300 v. Chr.) in Abydos, Ägypten, ein steinernes Rätsel, einsehbar für jeden Touristen. Man nennt die Anlage Osireion. Sie besteht aus Megalithen aus Granit; die Querbalken wurden millimetergenau auf ihre Gegenstücke eingepasst. **(Bild 23)** Das Ganze ist eine technologische Meisterleistung, hinter der definitiv eine ingenieurmäßige Planung stecken muss. Es geht nicht anders. Die Blöcke stammen aus Assuan – rund 400 Kilometer vom Osirei-

Bild 23: Das Osireion in Oberägypten

on entfernt – und können nie und nimmer mit Steinzeitwerkzeugen bearbeitet worden sein. Und das Tollste: Sie sind definitiv viel älter als 1300 v. Chr. Weshalb? Weil der Tempel von Sethos I. *auf* diesen Monolithen errichtet wurde. Jeder Laie kann es überprüfen. Unten die Monolithen und *darauf* der Tempelbau. Was macht die Ägyptologie daraus? Achselzucken.

Eigentlich kann man präsentieren, was man will – bildlich gesprochen das fix und fertige Essen auf dem Tablett hinreichen –, es wird verschmäht. Im Jahr 1862 zeigten Eingeborene des Ortes Santa Lucía Cotzumalguapa in Guatemala einem österreichischen Besucher vier Stelen, die unbeachtet zwischen den Bäumen standen. Damals gab es keine handlichen Fotoapparate, und so fertigte der Österreicher Zeichnungen der Stelen an. Diese zeigte er später dem Direktor des Berliner Museums für Völkerkunde, dem hochverehrten Herrn Dr. Adolf Bastian (1826–1905). Der war beeindruckt, reiste unverzüglich nach Guatemala und kaufte dem Besitzer der Finca (= Bauernhaus) die vier Stelen ab. Weil sie zu schwer für jeden Transport waren, ließ er sie der Länge nach zersägen und anschließend mithilfe von improvisierten Karren in den 80 Kilometer entfernten Hafen von San José transportieren. Das Ziel war das Völkerkundemuseum in Berlin. Beim Verladen löste sich eine der Stelen aus ihrer Verankerung und versank im Hafenbecken. Dort liegt sie noch heute. Die restlichen Stelen sind im Berliner Völkerkundemuseum zu bewundern. Von der Archäologie als »Ode an den Sonnengott« betitelt. Tatsächlich aber sind es in Stein gemeißelte Darstellungen von herniederfahrenden Göttern und Menschen, die Ersteren Geschenke entgegenstrecken.

Noch eindeutiger ist die Stele von El Baúl. Das Kaff liegt nur wenige Kilometer von Santa Lucía Cozumalguapa entfernt, und die Stele, um die es hier geht, ist ein rund 2 Meter hoher und 1 Meter breiter Block. In ihn eingemeißelt ist ein Mensch mit einer phänomenalen Kopfbedeckung. Sie besteht aus einem geschlossenen Helm mit einer Öffnung für die Augen. **(Bild 24)** Vom Helm aus verläuft ein Schlauch in einen Tank auf dem Rücken. Im archäologischen Katalog des Museums wird die Stele als »Monument Nummer 27« aufgelistet und als Ballspieler bezeichnet. Doch die Mayaballspieler trugen keine geschlossenen Helme – sie kannten sie gar nicht. Zudem hätte

Bild 24: Steinzeitliche Darstellung eines »Gottes« mit Helm, Schlauch sowie einem Tank auf dem Rücken in El Baúl, Guatemala

ein geschlossener Helm jeden Blick zur Seite verwehrt – und
gerade darauf war der Spieler beim schnellen Ballwechsel an-
gewiesen. Und schon gar nicht trug ein Ballspieler einen vom
Helm ausgehenden Schlauch, der in einen Tank auf dem Rücken mündete. Mayaballspieler kannten weder das eine noch
das andere. Doch der gerade herrschende Zeitgeist gestattet
nur die Interpretation in Richtung eines Ballspielers.

Beweise für Außerirdische in alten Schriften, in steinernen
Monumenten oder in ganzen Städten, die zu Ehren jener
Himmlischen erbaut wurden – es interessiert die Archäo- und
Ethnologie nicht. Eine jener den Göttern gewidmete Stadt ist
das von mir bereits im Zusammenhang mit dem Quecksilber
erwähnte Teotihuacán unweit von Mexico City. Wir kennen
weder die Ursprünge noch das Alter dieser Metropole. Dazu
schreibt Laurette Séjourné, die ehemalige Chefarchäologin der
Ausgrabungen:

> *Die Ursprünge dieser Hochkultur stellen das unzu-*
> *länglichste aller Geheimnisse dar […], wenn es schon*
> *schwerfällt [sich vorzustellen], dass die Kulturmerkma-*
> *le bereits am Anfang ihre definitive Prägung gefunden*
> *haben sollen, so ist es noch schwerer, sich vorzustellen,*
> *dass der dazugehörige Komplex geistiger Voraussetzun-*
> *gen plötzlich – vollkommen ausgebildet – einfach vor-*
> *handen gewesen wäre. Wir haben keinerlei materielle*
> *Zeugnisse für diesen erstaunlichen Entwicklungspro-*
> *zess.« [111]*

Eine Archäologin, die vor einem Rätsel steht? Die zugibt, dass
wir keine Ahnung von der Entstehung von Teotihuacán ha-

ben? Die aber trotzdem nie und nimmer den Gedanken an einen außerirdischen Einfluss denken darf? In welches Gefängnis haben wir uns hineinmanövriert?

Die Stadt Teotihuacán ist ein versteinertes Modell unseres Sonnensystems – angeblich errichtet von Steinzeitmenschen, die vom Aufbau dieses Sonnensystems nichts wissen konnten. Von Norden nach Süden verläuft ein 3 Kilometer langer Prachtboulevard – von den Archäologen »Straße der Toten« genannt. Rechts und links flankiert von Bauwerken zu Ehren der gefiederten Schlange. Diese Bauten stehen in den jeweils (maßstäblich verkleinerten) korrekten Distanzen der Planeten unseres Sonnensystems zueinander. Inklusive Uranus, Neptun und Pluto, von denen die Steinzeitmenschen schon gar nichts wissen konnten. (Die Beweise lieferte ich in meinem Buch *Der Tag, an dem die Götter kamen* [18] ab Seite 224.) Astronomische und geometrische Daten, vor Jahrtausenden den Eingeborenen mitgeteilt? Davon gibt es noch mehr – im höchsten Grade verblüffende und zudem leicht kontrollierbare. Man nehme eine Karte von Griechenland und einen Zirkel zur Hand:

- Die Distanz zwischen den Kultorten Delphi und Epidauros entspricht dem größeren Teil des Goldenen Schnitts der Entfernung von Epidauros nach Delos – nämlich 62 Prozent.
- Die Distanz zwischen Olympia und Chalkis entspricht dem größeren Teil des Goldenen Schnitts der Entfernung von Olympia nach Delos: nämlich 62 Prozent.
- Die Distanz zwischen Delphi und Theben entspricht dem größeren Teil des Goldenen Schnitts der Entfernung von Delphi zur Akropolis: nämlich 62 Prozent.

- Die Distanz zwischen Delphi und Olympia entspricht dem größeren Teil des Goldenen Schnitts der Entfernung von Olympia nach Chalkis: nämlich 62 Prozent.
- Die Distanz zwischen Delos und Eleusis entspricht dem größeren Teil des Goldenen Schnitts der Entfernung von Delos nach Delphi: nämlich 62 Prozent.
- Die Distanz zwischen Knossos und Delos entspricht dem größeren Teil des Goldenen Schnitts der Entfernung von Knossos nach Chalkis: nämlich 62 Prozent.
- Die Distanz zwischen Delphi und Dodoni entspricht dem größeren Teil des Goldenen Schnitts der Entfernung von Delphi zur Akropolis. Nämlich 62 Prozent.
- Die Distanz zwischen Sparta und Olympia entspricht dem größeren Teil des Goldenen Schnitts der Entfernung von Sparta zur Akropolis: nämlich 62 Prozent.

Genug der geometrischen Zusammenhänge? Oh nein! Es gibt noch viele weitere: Die alten griechischen Kultorte liegen in gleichschenkligen Dreiecken zueinander:

- *Dreieck Dodoni–Delphi–Sparta*: Die Orte stehen im gleichen Seitenverhältnis zueinander wie Dodoni–Sparta zu Dodoni–Delphi; Dodoni–Sparta zu Sparta–Delphi und Dodoni–Delphi zu Delphi–Sparta.
- *Dreieck Knossos–Delos–Chalkis*: Die Orte stehen im gleichen Seitenverhältnis zueinander wie Knossos–Chalkis zu Knossos–Delos; Knossos–Chalkis zu Chalkis–Delos und Knossos–Delos zu Delos–Chalkis.
- *Dreieck Nikosia* (Zypern)*–Knossos–Dodoni*: Die Orte stehen im gleichen Seitenverhältnis zueinander wie Nikosia–Dodoni zu Nikosia–Knossos; Nikosia–Dodoni

zu Dodoni–Knossos und Nikosia–Knossos zu
Knossos–Dodoni.

Alle Dreiecke sind gleich. Entdeckt wurden diese geometrischen Unmöglichkeiten ausgerechnet durch einen Brigadier der griechischen Luftwaffe, Dr. Theophanis Manias. Schon im Jahr 1970 veröffentlichte er diese faszinierenden Tatsachen [112] – ohne jedes Echo in der Welt der Archäologie. Ein einziger Gelehrter Deutschlands, Prof. Dr. Fritz Rogowski von der Technischen Universität Braunschweig, begab sich auf die Suche. Und siehe da: Im Gelände [113] stieß er auf einen kleineren Steinkreis und gerade noch in Sichtweite auf einen weiteren Ring. Professor Rogowski verlängerte die Linie und gelangte prompt zum nächsten Kreis. War das Rätsel der geometrischen Zusammenhänge damit gelöst?

Nein. Ein Dreieck wie etwa jenes von Knossos–Delos–Argos überbrückt eine Linie von 300 Kilometern übers Meer. Mit bloßem Auge nicht sichtbar. Und innerhalb Griechenlands verhindern die Berge eine direkte Sicht von einem Punkt zum andern. Professor Rogowski meint, in der griechischen Antike hätten hervorragende Mathematiker und Geometer wie etwa Pythagoras oder Euklid gelebt, und die geometrischen Zusammenhänge seien durch ihren Einfluss entstanden. Kann aber nicht stimmen, denn sämtliche griechischen Kultorte haben ihren Ursprung (und damit ihren Standort) in der Steinzeit – also lange *vor* Pythagoras oder Euklid.

Beispielsweise wurden in Heraklion auf Kreta bereits vor 6000 Jahren Götter verehrt. Es waren wieder einmal jene himmlischen Lehrmeister, von denen die Alten Griechen ihre geometrischen Erkenntnisse bekamen. Und weshalb sollten Außerirdische irgendwelchen Steinzeitmenschen befehlen, ihre Tempel nur an bestimmten Punkten zu errichten? Die Adressaten sind wir. Die Menschen der Zukunft würden auf die geometrischen Zusammenhänge stoßen müssen – was auch geschah – und deshalb gezwungen werden, sich bestimmte Fragen stellen. Wir sind mitten dabei.

Jene Lehrmeister instruierten auch einen ihrer Schüler in perfekter Metallbearbeitung und Astronomie, was unter anderem mittels der »Maschine von Antikythera« bewiesen werden kann. Was soll das sein?

Im Jahr 1900, kurz vor Ostern, tauchten einige Männer vor der Insel Antikythera, die nördlich von Kreta liegt, nach Muscheln und Perlen. Einer der Taucher stieß auf einen kuriosen Steinblock, aus dem etwas Metallisches herausragte. Der Block landete im Keller des griechischen Nationalmuseums und blieb zuerst einmal dort liegen. Dann versuchten Konservatoren, den Metallstift aus dem Gestein zu lösen, und stießen dabei auf zwei kreuzförmig angelegte Metallleisten und drei kleine Zahnräder. Eines davon war derart winzig, dass es unter den Pinzetten der Archäologen zerbröselte. Einer der Studenten, welcher die Einzelteile zum Trocknen auf einen Stofffetzen legte, hieß Valerio Stais. Er wurde später Archäologe und war der Erste, dem ein Licht aufging. Es kamen nämlich immer mehr Zahnrädchen zum Vorschein, und Valerio Stais vermutete dahinter etwas Astronomisches. Jetzt nannte man die Apparatur »Maschine von Antikythera«, weil sie vor der gleichnamigen Insel gefunden worden war. Im Sommer 1958 erhielt der junge britische Mathematiker Dr. Derek J. Solla Price die Erlaubnis, das antike

Bild 25: Die Maschine von Antikythera

Stück genauer unter die Lupe zu nehmen. (Dr. Derek Price wurde später Professor für Wissenschaftsgeschichte an der Yale University in den USA.) Er entdeckte immer mehr und immer noch kleinere Zahnrädchen an der »Maschine von Antikythera« und schließlich sogar mikroskopisch kleine Schriftzeichen. Diese wiederum hatten eindeutig mit dem Universum zu tun, denn es tauchten die Namen von mehreren Sternsystemen auf. Danach drei runde Skalen mit Millimeterstrichen und Zahlen. Insgesamt umfasste die Apparatur 34 Zahnrädchen, die auf verschiedenen Achsen auf einer Kupferplatte angelegt waren. Die »Maschine von Antikythera« entpuppte sich als eine Art von analogem Computer, mit welchem man die Position verschiedener Sonnensysteme in Relation zu anderen Systemen ablesen konnte: Wenn beispielsweise das Sternbild der Plejaden am Punkt X steht, wo steht dann der Stern Altair? Mittels der »Maschine« war die Beantwortung dieser Frage möglich. Nicht nur die Feinmechanik der Apparatur verblüffte, sondern auch das astronomische Wissen dahinter. **(Bild 25)**

Während eines Vortrages sagte Professor Price, das Ganze komme ihm vor, als hätte man im Grab des Tutanchamun in Ägypten ein Düsentriebwerk gefunden. Wörtlich:

>*Entweder stellt die Maschine von Antikythera die fortschrittlichste Linie eines Prozesses dar, über den nie geschrieben wurde, oder sie ist der massive Eingriff eines unbekannten Genies [...]. Mit dem Mechanismus von Antikythera sind wir mit einem Phänomen konfrontiert: mit dem der High Technology. Dies ist das Wort, mit dem wir speziell fortschrittliche Entwicklungen in der Wissenschaft bezeichnen.*« [114]

Sensationell! Und was machte die Gesellschaft daraus? Nichts. Nicht darüber reden und ja keine Pressemeldungen herausgeben. Zwar sind die Tatsachen da – doch der Zeitgeist würgt sie ab. Immerhin ist die »Maschine von Antikythera« heute im Athener Nationalmuseum ausgestellt. Der Betrachter kann jedes Zahnrädchen einzeln bestaunen.

Eine kleine Clique von selbstherrlichen Wissenschaftlern und eingebildeten Politikern befiehlt der Menschheit, was sie gefälligst zu glauben habe. Da flog im Herbst 2017 ein interstellares Objekt in unser Sonnensystem. Die Astronomen gaben ihm den Namen Oumuamua und verkündeten, es handle sich um irgendeinen Meteoritensplitter. Doch der Astrophysiker Prof. Dr. Avi Loeb von der weltberühmten Harvard-Universität meldete Zweifel an. Das Objekt verhalte sich nicht wie ein üblicher Meteorit, vermerkte er, und möglicherweise handle es sich um ein Artefakt aus einer fremden Galaxie. Also verfasste Professor Loeb einen sachlichen Bericht und schickte ihn der Redaktion des *Astrophysical Journal*. Wie üblich landen derartige Manuskripte vor einem wissenschaftlichen Gremium – und das empfahl die Ablehnung der Publikation. Loeb musste die Erfahrung machen, dass es ein Tabu ist, nach Relikten außerirdischer Zivilisationen zu suchen, und dass die akademische Welt »sich mehr und mehr von dem entfernt, was die Menschen bewegt. Gesunder Menschenverstand ist im akademischen Bereich nicht mehr üblich«, sagte Avi Loeb. [115]

Da liegt, gerade einmal 95 Kilometer südlich von Sizilien entfernt, die Insel Malta im Mittelmeer, die sage und schreibe 28 megalithische Tempel ihr eigen nennt. (Ich befasste mich schon vor 45 Jahren damit. [116]) Man ist versucht zu fragen: Errichtete eigentlich jede maltesische Steinzeitfamilie ihren eigenen Tempel? Einen neben dem anderen? Und schnitt jede Gruppierung ihre Blöcke unabhängig vom Nachbarn aus dem maltesischen Urgestein? Gab es da nicht so etwas wie Familienbande? Es müssen friedliche Gruppierungen gewesen sein, die da tätig waren, denn von Kriegen fanden sich keine Spuren. Keiner klaute die fix und fertig zugeschnittenen Blöcke des Nachbarn, brach sie egoistisch aus seiner Mauer heraus. Und alle Tempel – so zumindest nennen wir die Bauwerke heute – sind astronomisch ausgerichtet.

28 »Tempel« auf kleinstem Raum. Ging es nicht anders? Das Ganze stellt ein Rätsel dar, mit dem man sich einfach abfindet – weil es nun einmal da ist. Die Frage, was denn auf dieser kleinen Insel Malta derart wichtig war, dass man dort so viele »Tempel« errichtete, wird nicht gestellt. *Was* wurde hier gesucht oder verteidigt? *Was* oder *wer* wurde erwartet? *Wer*

wirkte hier? *Wem* wurde gedient? Und was sollen die maltesi-schen »Tempel« mit Außerirdischen zu tun haben? Vermut-lich mehr, als wir ahnen.

Jene Außerirdischen, die Originale, die Väter, die ursprünglich aus dem Mutterraumschiff kamen, nahmen sich hübsche Er-dentöchter und schwängerten sie:

> *»Als aber die Menschen anfingen, sich auf der Erde zu mehren, sahen die Gottessöhne, dass die Töchter der Menschen schön waren, und sie nahmen sich zu Wei-bern, welche sie nur wollten […], und als sie Kinder ge-baren, wurden es Riesen. Das sind die Recken der Ur-zeit, die Hochberühmten.«* (1. Mose 6, 1 ff.)

Im 4. Buch Moses, Kapitel 13, Vers 34 heißt es dazu ergänzend:

> *»Wir sahen dort auch die Riesen, die Enakiter aus dem Riesengeschlecht, und wir kamen uns vor wie Heu-schrecken.«*

Noch eindeutiger wird es im Buch Henoch:

> *»Warum habt ihr wie die Erdenkinder getan und Rie-sensöhne gezeugt?«* [65]

Das apokryphe »Buch des Baruch« nennt in Bezug auf die Riesen sogar eine Zahl:

> *»Es brachte der Höchste die Sintflut auf der Erde, und sie tilgte alles Fleisch und auch die 4 090 000 Riesen.«* [65]

Und im äthiopischen Buch der Könige, dem *Kebra Nagast*, heißt es:

> *»Jene Töchter Cains aber, mit denen sich die Engel [je nach Übersetzung auch die ›gefallenen Söhne des Himmels‹] vergangen hatten, wurden schwanger [...], und von denen in ihrem Leibe kamen einige heraus, indem sie den Leib ihrer Mutter spalteten. Als die dann aufwuchsen, wurden sie zu Riesen.«* [64]

Diese Riesen drangsalierten unsere Vorfahren. Sie zertrampelten Felder, töteten Greise und Säuglinge und fraßen den Menschen ihre Nahrung weg. Bis auf wenige Ausnahmen wurden sie zu Feinden der normal gewachsenen Menschen. Unsere Vorfahren jagten die Riesen und töteten sie reihenweise (David und Goliath). Die überlebenden Riesen suchten sich einen sicheren und ruhigen Ort und fanden ihn auf der Insel Malta. Dort lebten sie nebeneinander, und jede Familie errichtete ihr eigenes »Wohnhaus« – die maltesischen »Tempel«. Dabei achteten sie penibel auf die astronomische Ausrichtung ihrer Bauwerke. Die späteren Generationen sollten sich an sie erinnern. Mit ihrem technischen Wissen schufen sie auch eine Anlage, die bis heute ein einziges Rätsel bleibt: das Hypogäum. **(Bild 26)** Das Wort kommt aus dem Griechischen und bedeutet »unterirdischer Raum«. Der liegt drei Stockwerke unter der Erde und wurde rein zufällig entdeckt. Die Anlage besteht aus Kammern unterschiedlicher Größe, aus Pfeilern, Gängen und einer Kuppel – alles aus einem einzigen Guss aus dem Stein herausgeschnitten. Fugenlos ragen Monolithen aus dem Boden, vereinen sich zu Querbalken. Wobei das Wort Balken einen

Bild 26: Ausschnitt aus dem Hypogäum in Malta

falschen Eindruck vermittelt: Die erwähnte Form mag aussehen wie ein Balken, ist aber in Wirklichkeit auf zwei Seiten direkt mit dem Naturgestein verbunden. Und dies auch in *ge-
krümmter* Form. Der lokale Reiseführer beschreibt das Ganze
als unverständliche Anlage einer unbekannten Urbevölkerung.
Das trifft den Nagel auf den Kopf. Das Hypogäum in Malta ist
weder vergleichbar mit den sogenannten Erdställen im Alpen-
gebiet noch mit unterirdischen Städten, wie etwa Derinkuyu in
Anatolien (Türkei). Hier ist alles aus einem Stück gearbeitet
worden, und zudem herrscht in der gesamten Anlage eine perfekte Ventilation. Die lokale Archäologie hat keine Antworten,
durch *wen*, *wie* und *weshalb* das Hypogäum geschaffen wurde.
Das übliche Gerede vom »Tempel« bringt nichts, weil die Fakten gegen einen solchen sprechen. Wir haben nicht den blas-
sesten Schimmer, zu welchem Zweck das Hypogäum ursprüng-

lich unter der Erde herausgeschnitten wurde und wozu es im Laufe seiner Nutzung diente. Diese Feststellung gilt im Übrigen auch für unzählige andere Anlagen aus der sogenannten Steinzeit, beispielsweise für ein weiteres Rätsel auf der Oberfläche Maltas – die sogenannten Cart Ruts **(Bild 27)**.

Hierbei handelt es sich um Furchen im felsigen Boden, die spontan an Karrenspuren erinnern. Es gibt Hunderte davon, und neben den »Tempeln« und dem Hypogäum bilden sie das dritte unbegreifliche Rätsel auf Malta. Ich berichtete mehrfach darüber. [116] Ganz offensichtlich stammen diese »Karrenspuren« von den Söhnen jener Außerirdischen – und deshalb gehören sie hierher. Die Spurbreiten im Boden schwanken zwischen 65 und 123 Zentimetern – und dies im Verlauf einer

Bild 27: Die Verzweigungen der massierten Cart ruts führten an diesem Ort zu dem Namen Clapham Junction, nach einem Güterbahnhof in London

einzigen Strecke. Ein Karren müsste also seine Spurbreite
ständig geändert haben, wenn er innerhalb dieser Cart Ruts
hätte bewegt werden sollen – ein praktisches Unding. Zudem
reichen die Rillen oft bis zu 70 und mehr Zentimeter in den
Boden: Eine unmögliche Tiefe für ein Wagenrad, zumal ein
solch erheblicher Einschnitt es unmöglich gemacht hätte, eine
Kurve zu nehmen. Diese seltsamen Cart Ruts führen durch
Täler, klettern Berge hinauf, verlaufen oft nebeneinander oder
vereinigen sich wie Weichen bei Eisenbahnschienen. Im Raum
von Dingli, südwestlich der alten Hauptstadt Medina, kommen gleich zwanzig dieser »Geleisespuren« zusammen – vergleichbar einem Rangierbahnhof. Unzählige Theorien wurden
vorgetragen und wieder verworfen, um die Cart Ruts zu erklären. Keine ergab einen Sinn.

Beim Örtchen Il-Mensija verläuft eine Spur in einer engen
Kurve den Hügel hinauf und reicht bis 72 Zentimeter in den
Kalksteinboden. Wäre hier je ein Karren gefahren, so hätte das
Rad einen Durchmesser von eineinhalb Metern aufweisen
müssen und wäre in der engen Kurve stecken geblieben. Noch
absurder ist der Gedanke an einen zweiachsigen Wagen. Logischerweise ist der Radius der hinteren Achse enger als jener
der Vorderachse. Nichts im Gelände deutet darauf hin, dass
dieser Umstand Berücksichtigung fand. Bei San Pawl tat-Targa vereinigen sich gleich vier Geleisepaare zu einem einzigen,
obschon sie mit unterschiedlichen Spurbreiten aufeinander-
treffen. Hokuspokus!

An mehreren Küstenabschnitten, so in der St. Georg's Bay und
südlich von Dingli, führen die kuriosen Cart Ruts sogar ziel-

strebig ins blaue Wasser des Mittelmeeres. (Mein Assistent Ramon Zürcher fand mehrere bearbeitete Monolithen unter dem
Meeresspiegel.) Ursprünglich vermuteten Archäologen, die
Spuren lieferten den Beweis für frühere Schwertransporte. Die
Urmalteser hätten ihre Megalithen auf Karren übers Gelände
gezerrt. Doch wo blieben die Spuren, die das belegen? Sie
müssten sich im Kalksteinboden verewigt haben. Man vermutete auch, die Karrenspuren müssten wohl unweigerlich zu
den alten Tempeln führen – doch das taten sie nicht. Sie ver-
liefen in großen Bögen daran vorbei. 1970 wurden bei Tas-Silg
Reste eines römischen Tempels ausgegraben und darunter die
Mauern einer noch älteren griechischen Anlage. Einige Meter
tiefer tauchte die halbkreisförmige Fassade einer megalithischen Mauer auf. Als Nächstes vermutete man, die »Megali-
thiker« hätten ihre schweren Lasten auf Astgabeln durchs Gelände gezogen. Das funktionierte bei den unterschiedlichen
Spurbreiten allerdings nicht. Verwendeten sie vielleicht sogar
»Kugellager«? Rollten einst Kugeln durch die Spuren? Auch
dieser Vorschlag lief ins Leere. Weshalb? Malta besteht aus
Sand- und Kalkstein. Kugeln würden die Rillenränder platt
rollen. Und Riesenkugeln mit einem Durchmesser von über
1,5 Metern hätten keine schmalen Spuren von bis zu 70 Zentimetern Tiefe hinterlassen. Oder dienten die »Geleise« einst
gar als Wasserleitungen? Wasser läuft stets talwärts. Die »Geleise« auf Malta hingegen verlaufen über Berg und Tal. Es ist
wie verhext – jede Idee scheitert an der Realität.

Zwischen den Städtchen Għargħur und Naxxar liegt der lang
gezogene Kalksteinrücken von San-Pawl tat-Targa. Von oben
her läuft eine Parallelspur, macht eine jähe Kurve nach unten

und verliert sich irgendwo zwischen den Häusern am Strand. Nicht weniger als sechs andere Geleisepaare kreuzen die Strecke. Darunter solche, die Spurtiefen von bis zu 82 Zentimetern aufweisen. Jedes Zugtier hätte sich die Haxen gebrochen.

Die »Geleise« existierten definitiv bereits in vorgeschichtlichen Zeiten. Einmal mehr bleibt die niederschmetternde Feststellung: Wir wissen nichts. Irgendwer legte irgendwann ein »Schienennetz« auf Malta an, das aber kein »Schienennetz« gewesen sein kann und nichts mit den megalithischen »Tempeln« zu tun hat. Übrig bleibt die Technik jener Söhne der Götter, die sich auf Malta einrichteten. Welcher Technik? Haben die »Geleise« etwas mit dem unterirdischen Hypogäum zu tun? Waren sie vielleicht Teil einer speziellen Sende- und Empfangsanlage mit einem Bezug zum Universum? Versuchten die Göttersöhne Kontakt mit der Urheimat ihrer Väter aufzunehmen? Die Art der Bearbeitung der maltesischen Megalithen gleicht jener im Hochland von Peru. Man wird den Eindruck nie los, als ob diesseits wie jenseits der großen Ozeane dieselben Lehrmeister wirkten – oder dieselben »Söhne der Götter«. Der Schriftsteller und Forscher Hartwig Hausdorf, der sich intensiv mit Maltas Rätseln auseinandersetzte, stellte fest:

»Es sind Hunderte dieser Bauelemente aus neolithischer Zeit, und einige von ihnen sind so präzise gearbeitet, als hätten wir modernen Betonguss vor uns und nicht die Erzeugnisse einer Periode, der die Vertreter der scherbensammelnden Zunft im besten Falle grobe Steinfäustlinge und andere primitive Werkzeuge zugestehen.« [117]

Übrigens gehörten zu den Riesen auch unsere Stammeltern Adam und Eva. Das lässt sich beweisen. Schon im Jahr 1840 besuchte der französische Forschungsreisende Maurice Tamisier Evas Grab im Nordosten von Dschidda (Saudi-Arabien). Er beschrieb die Grabstatt als kleinen viereckigen Raum mit einer armseligen Miniaturkuppel, einer ostwärts gerichteten Türe und zwei Fensterchen. Die Innenräume, schrieb Tamisier, »sind bedeckt mit Legenden und *Koran*-Sprüchen. Im Untergeschoss gibt es eine Kammer mit einem schwarzen Stein darin, der direkt über Evas Bauchnabel liegt.« [118]

Jahrzehnte später besuchte der deutsche Forscher Heinrich von Maltzan die Gruft und beschrieb die Wände als »nackt und kahl, darunter einen mit Gravuren verzierten Stein, der genau an der Stelle errichtet war, unter der sich der wirkliche Nabel Evas befand«. [118]

In einem Punkt waren sich auch die anderen Besucher einig: [120, 121, 122] Das Grab Evas war die Ruhestätte einer Riesin. Ihr Körper lag in Nord-Süd-Richtung quer unter dem kleinen Kuppelbau. Der Nabelstein markierte das Zentrum des Körpers, der Kopf und die Füße bestanden aus Steinplatten. Das Grab Evas wurde schon im 10. nachchristlichen Jahrhundert von arabischen Historikern erwähnt und über Jahrhunderte hinweg von muslimischen Mekkapilgern besucht. Doch keine Behörde in Saudi-Arabien veranlasst irgendeine Untersuchung von Evas Leiche oder wenigstens eine DNS-Probe. Die Religion lässt es nicht zu.

So liegen die Dinge. Die gesamte Menschheit wird in eine Geisteshaltung hineindirigiert, die einem geradezu mittelalterlich vorkommt. Der Zeitgeist macht's möglich. Vielleicht haben Sie, verehrte Leserin, verehrter Leser, einmal versucht, irgendwo einen Leserbrief oder gar einen Artikel zu veröffentlichen, und sind bei der Redaktion abgeblitzt. Möglicherweise dachten Sie, das liege wohl daran, dass Sie nur ein Laie seien. Vergessen Sie es. Auch hochmögende Wissenschaftler blitzen ab, wenn ein Thema nicht behandelt werden soll. Die Diktatur des Zeitgeistes kümmert sich nicht um die verfassungsmäßig garantierten Rechte der Bürger. Und die wären an sich eindeutig. Im deutschen Grundgesetz, Artikel 5 Absatz 1, ist festgehalten:

>»Jeder hat das Recht, seine Meinung in Wort, Schrift und Bild frei zu äußern und zu verbreiten [...], eine Zensur findet nicht statt.«*

Nicht anders ist es in der Schweizer Bundesverfassung, Artikel 16 Absatz 2, formuliert:

>»Jede Person hat das Recht, ihre Meinung frei zu bilden und sie ungehindert zu äußern und zu verbreiten.«*

Eine Zensur findet nicht statt? Hahaha! Und die Meinung darf *ungehindert* verbreitet werden? Da lachen nicht nur ein paar Hühner – da grinst gleich der ganze Hühnerhof. Allen Ernstes wird behauptet, wir hätten keinerlei Beweise für Außerirdische – dabei werden ihre jeweiligen Heimatsysteme bereits in jahrtausendealten Texten aufgelistet. Darunter der *Kabbala*. Das Wort Kabbala (auch Kabbalah) gilt als Sammelbegriff für die unverstandenen, mystischen Texte des Judentums. Es wird vom hebräischen QBLH = jenes, das empfangen ist, hergeleitet. Die Kabbalisten behaupten, die *Kabbala* enthalte Mitteilungen, die Moses von Gott auf direktem Wege erhalten habe. Das Hauptwerk der *Kabbala*, das Buch *Sohar*, ist in aramäischer Sprache abgefasst und gilt als Werk des Rabbiners Schimon ben Jochai (130–170 n. Chr.). Niedergeschrieben wurde es allerdings erst im 13. Jahrhundert von Moses de León in Spanien. Erstaunlicherweise wird im Buch *Sohar* ein Gespräch zwischen einem Erdenbürger und einem Außerirdischen wiedergegeben. [123] Ein Erdling begegnet einem Fremden mit einem »anderen Gesicht« und »anderem Hinterhaupt« und fragt ihn, woher er komme:

> »Ich bin ein Bewohner Arqas.«
> »Es gibt also Lebewesen auf Arqa?«
> »Ja. Als ich euch kommen sah, bin ich aus meinem Versteck gekommen, um den Namen der Welt zu erfahren, auf der ich angekommen bin.«

Anschließend berichtet der Fremde, dass die Jahreszeiten auf seiner Welt anders seien als hier. Saat und Ernte würden sich dort erst nach einigen Jahren erneuern und auch die Gestirne seien in völlig anderer Anordnung als von hier aus betrachtet.

In der *Kabbala* findet sich auch der Bericht über sechs andere Welten außerhalb der Erde. Er liest sich so:

> »Die Bewohner der Welt von Geh säen und pflanzen Bäume. Sie essen alles vom Baum, kennen aber keinen Weizen und keinerlei Getreide. Ihre Welt ist schattig, und es gibt dort viele große Tiere […]. Die Bewohner der Welt von Nesziah essen Sträucher und Pflanzen, die sie nicht säen müssen. Sie sind von kleinem Wuchs und

haben anstelle der Nasen nur zwei kleine Löcher im Kopf. Sie sind sehr vergesslich und wissen bei ihrer Arbeit oft nicht, weshalb sie sie begonnen haben. Auf ihrer Welt leuchtet eine rote Sonne [...]. Die Bewohner der Welt von Ziah müssen nicht essen, was andere Wesen essen. Sie suchen ständig nach Wasseradern. Sie sind sehr schön von Angesicht. Auf ihrer Welt gibt es große Reichtümer, und der Boden ist trocken. Man sieht zwei Sonnen [...]. Die Bewohner der Welt von Thebel essen alles aus dem Wasser. Sie sind allen anderen Wesen überlegen, und ihre Welt ist in Zonen aufgeteilt, in denen sich die Bewohner durch Farbe und Gesichter unterscheiden. Sie machen ihre Verstorbenen wieder lebendig. Ihre Welt ist weit von der Sonne weg [...]. Die Bewohner der Welt von Erez sind Nachfahren von Adam, weil Adam sich über die Trostlosigkeit auf Erez beklagte. Sie bebauen die Erde und essen Pflanzen, Tiere und Brot. Sie sind meist traurig und bekriegen sich oft [...]. Die Bewohner der Welt von Arqa säen und ernten. Ihre Gesichter sind verschieden von unseren Gesichtern. Sie besuchen viele Welten und sprechen alle Sprachen.«

Erstaunlich. Da reden Menschen von anderen Planeten und Sonnensystemen, als gäbe es diplomatische Beziehungen zu ihnen. Wer konnte schon etwas über Wesen ohne Nasen, doch mit zwei Löchern im Kopf wissen? Über Wesen »von kleinem Wuchs« oder Systemen »mit einer roten Sonne«? Bemerkenswert in der *Kabbala* ist auch die Feststellung, dass die Menschen sich ursprünglich beim Geschlechtsakt nicht in die Gesichter gesehen hätten und dass die Vereinigung der Samen *in einem einzelnen Wesen* stattgefunden habe. Alles nur Träume und Vorstellungen, die unter dem Einfluss irgendwelcher Drogen entstanden? Dazu sind die Beschreibungen zu detailliert. Die Einzelheiten passen in kein bekifftes und verträumtes Drogengehirn. Und da ist noch etwas höchst Seltsames:

Im *Guinness Book of World Records* (Ausgabe des Jahres 1978) auf Seite 207 ist der längste Name der Welt aufgeführt. Er gehörte einem Herrn »Wolfe + 585, Senior«. Dieser Herr »Wolfe + 585, Senior« war am 29. Februar 1904 in Hamburg geboren, wanderte später in die USA aus und verstarb in Philadelphia. Was hat er mit einem Beweis für außerirdische Besuche zu tun? Sein Name enthält die Botschaft – nachfolgend sein Name –, dann die Entschlüsselung:

VORALTERNWARENGEWISSENHAFTSSCHAEFERWE
SENSCHAFEWARENWOHLGEPFLEGTEUND SORGFAL
TIGKEITBESCGUTZENVONNANGREIFENDURCH
HIHRRAUBGIERIGFEINDEWLCHWVORALTERZWOLF
TAUSENDJAHRENDIEVORANDIEERSCHEINENDEN
VANDERRERSTEERDEMENSCHENSCHDERRRAUM
SCHIFFEGEBRAUCHLICHTALSSEINURSPRUNGVON
KRAFTHESTARTSEINLANGEFAHRTHINZWISCHEBS
TERNARTIGERRAUMAUFDERSUCGENACHDIESTERN
WELCHEGEHABTBEWOHNBAERPLANETENKREIS
EDREHENSICHUNDWOHHINDERNEURASSEVONVER
STANDIGMENSCIILICHEITKONNTEFORTPFLANZEN
UNDSICHERFREUENANLEBENSLANGLICGFREU
DEUNDRUHMEMITNICHTEINFURCHTVORANGREI
FERNVONEINANDERINTELLINICENTGESCHOPFVON
HINZWISCHENSTERNARTIGERAUM.

Was soll das Wortungetüm? Nun, es handelt sich um eine Botschaft in mittelalterlicher deutscher Sprache ohne Leerzeichen zwischen den einzelnen Wörtern. Auseinandergezerrt lautet der Name:

> *»Vor alten Zeiten lebten gewissenhafte Schäfer, die ihre Schafe sorgfältig pflegten. Dann erschienen vor dem ersten Erdenmenschen raubgierige Feinde. Dies war vor 12 000 Jahren. Die Raumschiffe gebrauchten Licht als ihren Ursprung von Kraft. Auf der Suche nach bewohnbaren Planeten hatten sie eine lange Fahrt im Sternenraum hinter sich gebracht. Die neue Rasse pflanzte sich mit der verständigen Menschheit fort. Sie erfreuten sich ihres Lebens ohne Furcht vor Angreifern von anderen intelligenten Geschöpfen aus dem Weltraum.«*

Gespenstisch! Irgendein mittelalterlicher Vorfahre von Herrn »Wolfe + 585, Senior« wusste Bescheid über den Besuch von Außerirdischen und verbarg die Botschaft in einem extrem langen Namen. Auf dass spätere Generationen daraus schlau werden. Wir haben es kapiert, Ihr Herren Wolfe!

Unsere Gegenwartsgesellschaft, durch und durch materiell ausgerichtet, will nichts von Mythen wissen. Darin erkennt sie nur Märchen, dummes Geschwätz der Alten oder sinnlose Träume. Doch viele Mythen beschreiben Realitäten aus einer früheren Zeit. Als Beispiel diene das *Gyelrap*, dort wird die Genealogie der 27 tibetanischen Könige beschrieben. [124] Von diesen 27 stiegen sieben aus dem Weltall auf die Erde. Die Menschen nannten sie Lichtgötter, und am Ende ihrer irdischen Tätigkeit verschwanden sie wieder im Firmament. Etwas abgeändert beschreibt der tibetanische Buddhismus jene himmlischen Lehrmeister. Der bekannteste unter ihnen hieß Padmasambhava und brachte Schriften in einer nicht irdischen Sprache zur Erde. Diese Schriften übersetzte er in eine menschliche Sprache und versteckte sie in einer Höhle für eine ferne Zukunft, »in der sie verstanden würden«. [125] Sein Lieblingsschüler beschrieb den Abschied des großen Meisters mit folgenden Worten:

> »Da erschienen am Firmament eine Wolke und ein Regenbogen, und dieser rückte immer näher heran. Inmitten der Wolke stand etwas wie ein Pferd aus Gold und Silber. Alle Welt konnte es sehen. Als das Pferd eine Weile am Himmel hochgeflogen war, wandte sich Padmasambhava um und sprach: ›Mich zu suchen wird sinnlos sein‹, dann flog er davon. Der König und seine Umgebung waren wie Fische auf dem Sand. Als sie hinblickten, sahen sie Padmasambhava so groß wie einen Raben. Als sie wieder hinsahen, war er so groß wie eine Drossel. Als sie wieder hinblickten, glich er einer Fliege, und dann erschien er unklar und verschwand so klein wie ein Läuseei. Und als sie wieder hinblickten, sahen sie ihn nicht mehr.«

Mich erinnert die Beschreibung an das 2. Buch der Könige in der *Bibel*. Dort wird die Himmelfahrt des Propheten Elias sinngleich berichtet:

> »Da kam auf einmal ein feuriger Wagen mit feurigen Rossen vom Himmel und trennte die beiden. So fuhr Elias im Wetter gegen den Himmel. Während es Elisa

mit ansah, schrie er: ›Mein Vater! Mein Vater!‹ Dann
sah er ihn nicht mehr. Darnach hob er den Mantel auf,
der Elias entfallen war, kehrte um und trat an die Ge-
stade des Jordan.« (2. Buch der Könige, 2, 11–13)

Abermillionen von Christen, Juden und Muslimen nehmen
die Himmelfahrt des Elias als wahre Geschichte. Schließlich
steht sie in den heiligen Texten der *Bibel*, des *Koran* und der
Thora. Die gleiche Überlieferung aus der tibetanischen Schule
kennen sie nicht. Sie würde augenblicklich als »Mythos« abqualifiziert. Auch in den tibetanischen Büchern *Kandschur*
und *Tandschur* werden ehemalige Realitäten beschrieben, die
nie und nimmer Mythen gewesen sein können. Beispielsweise
die verschiedenen Welten, in denen die Götter wohnen. Nachfolgend ein Auszug aus dem Kapitel »Göttliche Stimme«:

»Es gibt verschiedene Himmel, und diese Himmel sind
nicht alle gleich.« Wie zahlreich auch die Götter sind,
auch sie können die Gesetze nicht überschreiten. Im
Himmel der vier großen Könige entsprechen 50 Erden-
jahre einem Tag und einer Nacht. Die Lebensdauer be-
trägt 500 Jahre oder – wenn man sie auf Erdenjahre
überträgt – 9 Millionen Jahre. Über den Himmel der
vier Könige gelangt man zur zweiten Wohnstätte des
Himmels [...]. 100 Jahre unter den Menschen zählen in
diesem Himmel einen Tag und eine Nacht. Die Lebens-
dauer beträgt 1000 Jahre. Rechnet man dies in Men-
schenjahren, so macht es 3600 mal 10 000 Jahre oder
36 Millionen Jahre [...]. Nach diesem Himmel gibt es
einen Ort, der vielen Wolken gleicht. Hier befinden sich

die sieben Tresore wie eine große Erde. 200 Erdenjahre sind dort für die Götter ein Tag und eine Nacht. Ihre Lebensdauer beträgt 2000 Jahre. Wenn man es in Menschenjahren rechnet, sind es 144 000 000 Jahre.« [125]

Wer erdachte sich nur diese Zahlen? Immerhin geht es um Ziffernfolgen, die aus jahrtausendealten heiligen Büchern stammen. Damals, am Anfang der Schrift, kritzelten die ersten Schreiberlinge keine Fantastereien auf ihre Pergamentrollen. Und ausnahmslos alle wollten ursprünglich von Lehrmeistern aus dem Himmel besucht worden sein. Jene Lehrmeister ließen ihre Spuren weltweit zurück. Sogar auf der kleinen Inselgruppe Kiribati im Stillen Ozean. Kiribati? Jemals davon gehört? Kiribati besteht aus einer Ansammlung von 16 Inseln, die bis 1977 zur britischen Kolonie Gilbert Islands gehörten. Mit der Loslösung von England wechselten die Einwohner den Namen Gilbert Islands in Kiribati um, denn so habe die Inselgruppe ursprünglich geheißen. Die Einwohner – rund 60 000 Mikronesier – sprechen das Wort nicht so aus, wie es geschrieben wird. Kein Kiribati also, sondern Kiribasch. Die Hauptinsel heißt Tarawa – und dort steht das Rätsel der sogenannten Navigationssteine. Dabei handelt es sich um zugeschnittene Monolithen, von denen oft mehrere nebeneinanderstehen, mit einer wie eingefräst wirkenden Furche auf der obersten Fläche. Diese Furche – ein gerader Strich – weist punktgenau auf weit entfernte Inseln. Die Eingeborenen überliefern, einst sei ein weiser Mann von einem fernen Land gekommen und habe diese »Navigationssteine« aufgestellt. Er erteilte das strikte Verbot, die Steine auch nur um einen einzigen Millimeter zu verschieben. Was sollen »Navigationssteine« sein?

Sie weisen, wie schon erwähnt, auf weit entfernte Ziele. Eine südlich gerichtete Visierlinie peilt die 1800 Kilometer entfernte Insel Niutao an. Eine andere die 1900 Kilometer entfernten Fidschi-Inseln, und eine dritte Linie zielt auf die 4700 Kilometer entfernte Tuamotu-Gruppe. Ich habe es exakt kontrollieren lassen. Die Angaben stimmen. Nun ist bekannt, dass die Insulaner seit Urzeiten die Sterne und auch die Meeresströmungen als Navigationshilfen benutzten, und dennoch ist das Rätsel damit nicht gelöst. Nach der Entdeckungsfahrt mussten sie auf ihre Heimatinsel zurück, um dort die »Navigationssteine« aufzustellen. Doch was nutzen diese »Navigationssteine« auf der Heimatinsel? Schließlich weisen sie nur auf die fernen Ziele hin.

Auf Kiribati erzählte mir ein Schullehrer die Geschichte vom Kleinkind Terikiato, das gestohlen und zur Himmelsfrau Nei Tetangre-niba gebracht wurde. Die Frau flog mit dem Säugling weg und erzog ihn zum Halbgott. Im Westen der Insel, wo die Vögel Biirri genannt werden, sagte der zum Jüngling herangewachsene Terikiato der Himmelsfrau: »Sieh, diese Vögel sind wunderbar, sie haben Gesichter wie Menschen.« Terikiato setzte sich auf den Rücken eines dieser Vögel und flog mit ihm ins Land der Himmlischen. Dort stand er vor dem Haus der Himmelsbewohnerin Nei-Mango-Arei, die den Jüngling fragte, woher er komme und was für eine Art Wesen er sei. Niemand dürfe sie besuchen, denn sie sei eine Himmelsbewohnerin. Trotz der Andersartigkeit verliebten sich die beiden ineinander und zeugten in der Folge vier Kinder. Terikiato kehrte schließlich auf die Erde zurück und starb in hohem Alter auf der Insel Samoa.

In der Bibliothek von Auckland stieß ich auf eine verblüffende Erzählung der Maori. Das sind die Ureinwohner Neuseelands. Einst lebte der göttliche Vogel Rupe. Der hatte eine Schwester namens Hina. Die heiratete, wurde schwanger, und als die Niederkunft nahte, bat sie die Eingeborenen um Hilfe. Doch weil sie fremd war, wollte ihr niemand helfen. Da rief sie laut nach ihrem Bruder: »Rupe! Rupe, hilf mir!« Bald ertönte ein gewaltiger Lärm über der Insel, der vom Vogel Rupe ausging. Er rief: »Hina! Hina! Ich bin da!« Nach der Geburt bat Hina ihren Bruder, er möge sie in ihr Heimatland zurückfliegen. Doch Rupe sagte, er wolle zuerst die Inselbewohner wegtransportieren. Also nahmen die Insulaner auf Rupe Platz, der sie weit über das Meer hinausflog und dort ins Wasser kippte. Schließlich holte er auch noch Hina mitsamt ihrem Säugling ab. Von hoch oben sah Hina, wie die Insulaner auf den Wellen um ihr Leben kämpften. Sie fragte Rupe, weshalb er die Menschen ins Wasser geworfen habe und Rupe antwortete: »Keiner von ihnen hat dir bei der schweren Geburt geholfen – deshalb sollen sie sich jetzt selbst helfen oder zugrunde gehen.« [126]

Auf Kiribati weiß die Legende, dass die ersten Himmelsbewohner landeten, als noch keine Menschen lebten. Sie hießen Baimatoa, Matinaba und Matiriki. Diese Worte sind gleichzeitig Namen von Sternensystemen. Und auf der Insel Raivavae in Französisch-Polynesien gilt der Tempel Te-Mahara noch heute als der Punkt, an dem der Gott Māui aus dem Weltraum ankam. Nichts anderes melden die Ureinwohner von Atu Ona, einer Insel der Marquesa-Gruppe. Dort gibt es einen Hügel, der von den Eingeborenen als heilig betrachtet wird. Ursprünglich hieß dieser Hügel Mouna tuatinietua – wörtlich »Ort, auf dem die Götter landeten«. [127]

Eigentlich sollte man annehmen, in den Weiten des Pazifischen Ozeans seien die Geschichten unabhängig voneinander entstanden. Schließlich liegen die Inseln oft Tausende Kilometer voneinander entfernt. Doch ausnahmslos alle tragen dieselbe Kernbotschaft: jene der himmlischen Besucher. Über den Schöpfergott Ta'aroa von den Gesellschaftsinseln im Stillen Ozean wird berichtet:

> *»Ta'aroa saß allein in seiner Muschel in der Dunkelheit seit Ewigkeiten. Die Muschel war wie ein Ei. Das ihn nährte, während er im endlosen Weltall trieb. Es gab keinen Himmel, kein Land, kein Meer, keinen Mond, keine Sonne. Alles war dicke, [sich] ausbreitende Dunkelheit.«* [128]

Auf den Samoa-Inseln berichtet die Entstehungsmythe:

> *»Gott Tangaloa schwamm in der Leere. Es gab keinen Himmel, kein Land, er war ganz allein und schlief in der Weite des Raumes. Es gab weder Meer noch Erde. Sein Name war Tagaloa-fa'atutupu-nu'u – das heißt ›Ursache des Wachstums‹.«* [128]

Auf Hawaii gibt es den Schöpfergott Kane, welcher den Menschen (wie in der *Bibel*) »nach seinem Ebenbild schuf«. [129] Kane kam aus dem Weltall, und die Gebete an ihn preisen die Sterne:

> *»Die wunderbaren Sterne.*
> *Die unberührbaren Sterne,*
> *die sich bewegenden Sterne von Kane,*

unzählbar sind diese Sterne.
Die großen Sterne – die kleinen Sterne,
die roten Sterne von Kane.
Oh unendliches Weltall!
Der große Mond von Kane.
Die große Sonne von Kane,
sie breiten sich aus
in der Weite des Weltalls.«

Wie andere Orte auch soll Kiribati einst von einem Riesen besucht worden sein, der sogar seine Fußabdrücke im steinernen Boden verewigte. [130] Derselbe Lehrer hatte mir diese Geschichte erzählt, und ich lächelte nur milde darüber. Wie sollte ein Fußabdruck in den steinernen Boden gelangen? Doch der Lehrer brachte mich in die Bibliothek und drückte mir das Buch *The Footprints of Tarawa* in die Hand. [131] Einst soll ein Riese namens Tabuariki auf der Insel gelandet sein. Er war so groß, dass er die Kokosnüsse von den Palmen pflücken konnte, ohne sich zu recken. Er soll gutmütig gewesen sein und den Insulanern bei ihren Bauwerken geholfen haben, indem er für sie schwere Steine herumtrug. Bevor er die Insel für immer verließ, drückte er seinen Fußabdruck in den Felsboden. Der Abdruck existiert tatsächlich. Ich habe ihn fotografiert und im Buch *Reise nach Kiribati* veröffentlicht. [132] Wobei mir bis heute schleierhaft geblieben ist, wie man einen Fußabdruck in den buchstäblich steinharten Boden drücken kann.

Unseren gerade herrschenden Zeitgeist kümmern diese Überlieferungen nicht. Doch die Erzählungen unserer Vorfahren sind das Gedächtnis der Menschheit. Diese Urerinnerungen werden von den unwiderlegbaren Tatsachen in der Landschaft bestätigt. Die weltweiten megalithischen Mauern sind weder Träumereien noch irgendein Geschwätz. Sie existieren. Das Osireion in Ägypten ist genauso real wie die vorfabrizierten Blöcke in Puma Punku (Bolivien). Die Menhirkolonnen in der französischen Bretagne können so wenig weggezaubert werden wie die geometrischen Zusammenhänge der antiken Kultorte in Griechenland. Also muss es einst eine Vergangenheit gegeben haben, über die wir nichts wissen. Was waren die Ursachen für jenen Weltuntergang? »Wer die Vergangenheit vergisst, ist verdammt, sie zu wiederholen«, erklärte einst der spanische Philosoph George Santayana (1863–1952). Um ehrlich zu sein: Meine Neugierde wird auch von einem Funken Furcht genährt. Droht wieder ein Untergang? Wie ist er zu verhindern? Ich möchte wissen, was es mit jenen mythologischen Göttern für eine Bewandtnis hat. Von welcher Art war ihre Persönlichkeit? Waren sie uns gut oder böse gesinnt? Weshalb kamen sie überhaupt und schufen den Menschen »nach ihrem Ebenbild«? Sind wir nur Ameisen in einem kosmischen Theater? Gehören wir irgendwem? Könnte man sich mit diesem Irgendwem verständigen? Heute wissen wir, dass im endlosen Universum Abermillionen von Sonnensystemen existieren. Selbst jene Wissenschaftler, die immer noch nicht wahrhaben wollen, dass Außerirdische längst unter uns sind, akzeptieren zumindest die Möglichkeit, dass dort draußen anderes Leben existiert. Und die Mythen unserer Vorfahren berichten über die verschiedensten Lebensformen im Universum. Diese Mythen umfassen Inhalte, welche die der Steinzeitmenschen eigentlich nicht haben dürften.

So gibt der Bantustamm der Buschongo im südlichen Afrika in seinem Entstehungsmythos den korrekten Ablauf der Entstehung der Erde wieder, obschon sie von der Geologie und Lebensentstehung auf unserem Planeten eigentlich nichts wissen konnten:

»*Am Anfang war nur Finsternis auf der Erde, die mit Wasser bedeckt war. Dann kam Bumba, der Riese, welcher Magenkrämpfe bekam und sich erbrach. Zuerst erbrach er die Sterne, dann die Sonne und die Monde. Durch die Sonnenwärme trocknete das Wasser, und Sandbänke erschienen. Dann erbrach er eine Urpflanze, aus der alle anderen Pflanzen hervorgingen. Dann erst erbrach er Geschöpfe, zuerst die Tiere, später erschuf er aus ihnen die Menschen. Er lehrte die Menschen in ihren Siedlungen und zeigte ihnen, welche Nahrung gut und welche giftig war. Dann erhob er sich in die Lüfte und verschwand.*« [133]

Die geologische und lebensbiologische Reihenfolge stimmt: zuerst das Nichts – dann Schlamm, Regen, Sonnenwärme, trockenes Land, Pflanzen, Tiere, Menschen, Speisen. Woher kam das Wissen? Vom Lehrmeister, der »in den Lüften verschwand«. Nicht anders verhält es sich bei den Pygmäen aus den tropischen Wäldern Afrikas:

»*Einst kam Rurema, um die Erde zu erschaffen. Obwohl er ein Himmelsbewohner ist, schuf er alle Dinge dieser Welt. Das Wasser, die Steine, die Erde und die Lebewesen.*« [133]

Die am Oberlauf des Kongo lebenden Lualaba berichten von ihrem Urgott Mukulu, der im Himmel wohnt. Er erschuf zuerst die Sterne, welche Sonnen sind, dann die Monde. Anschließend machte er die Erde, das Wasser, die Pflanzen – indem er Samen verstreute –, dann die Lebewesen und schließlich den Menschen. In den meisten afrikanischen Überlieferungen war das Universum ursprünglich so etwas wie eine Ansammlung von Samen. So versichern die Tutsi aus Ruanda, am Anfang habe sich der Himmel geöffnet und die Saat sei zur Erde gefallen. Himmelsfürst Mugulu, Stammvater der Dschagga, brachte eine Banane, eine Kartoffel, eine Bohne, einen Maiskolben und eine Henne mit. [134] Tatsächlich kennen wir keinen Vorläufer der Banane – sie war einfach fix und fertig da. Die Inka im fernen Peru wollen wissen, Gott Viracocha habe den Mais zur Erde gebracht. Von diesem Urmais würden alle anderen Maisarten abstammen.

Viele Menschen mögen die Gedanken an außerirdische Besucher nicht. Es ärgert sie, nicht »die Größten« zu sein. Es macht sie »betroffen«. Heutzutage ist jeder Dummkopf über irgendetwas »betroffen«, kein Wunder bei einer Gesellschaft von Weicheiern. Im evolutionären menschlichen Denken haben Außerirdische keinen Platz. Unser Ego lässt sie nicht zu. Alles Wissen stammt von uns, haben wir selbst erarbeitet – so die offizielle Meinung. In TV-Sendungen werden sämtliche Fragen, welche die Präastronautiker stellen, ins Lächerliche gezogen. Die pistenähnlichen Linien in der Wüste von Nazca in Peru? Ein Kult. Die unterirdischen Städte in der Türkei? Ein Waffenlager. Der Transport von 500-Tonnen-Plattformen im Hochland von Bolivien? Erledigt mit Holzrollen. Die präzise zugeschnittenen Megalithen? Wurden geschaffen durch jahrzehntelanges Reiben von Steinen auf Steinen. Die Ausrichtung von Menhiren in pythagoreische Dreiecke in der französischen Bretagne? Purer Zufall. Die ingenieurmäßige Planung der steinzeitlichen Anlagen? Das Werk von vereinzelten Genies. Die länderüberschreitende Tatsache derselben Distanzen von griechischen Heiligtümern aus der Steinzeit? Ein kultisches Denken. Berichte über himmlische Besucher in den Entstehungsgeschichten aller Völker rings um die Erde? Fantastereien. Der Bericht in der sogenannten Abraham-Apokryphe, in dem überliefert wird, Abraham habe *das runde Antlitz der Erde gesehen, und gewünscht, auf die Erde niederzufallen*? Ein Traum. Die aufgezählten Namen der »himmlischen Lehrmeister« im Buch Henoch? Wichtigtuerei eines Patriarchen. Die Belehrung eines Menschen durch einen Außerirdischen mit den Worten: *Siehst du das kleine Licht dort draußen? Ihr Menschen sagt Mond dazu. Doch der Mond hat kein eigenes Licht, er bezieht sein Licht von der Sonne.* (Diese Aussage wurde vor Jahrtausenden gemacht, als kein Mensch wissen konnte, dass der Mond sein Licht von der Sonne bezieht.) Wie erklärt man das? Eine Vision. Die Aufzählung anderer Planeten mit ihren unterschiedlichen Lebensformen in der *Kabbala*? Religiöse Rechthaberei. Die Bundeslade der Israeliten? Eine von Menschen gemachte Truhe. Das Wissen der Dogon in Zentralafrika über die Umlaufbahn und -zeit von Sirius B? Das Produkt astronomischer Raterei. Die Lamech-Rolle vom Toten Meer, in der klargestellt wird, Bat-Enosch (Noahs Mutter) sei von den »Wächtern des Himmels« befruchtet worden? Wunschdenken der alten Israeliten. Der Bericht der Kayapo am oberen Amazonas über den Besuch des himmlischen Lehrmeisters Bep-Kororoti? In Wirklichkeit das mitgebrachte Wissen eines christlichen Missionars. Das unterirdische Hypogäum in Malta? Das Werk eines steinzeitlichen Priesters. Der »göttliche Spiegel«, welchen die Sonnengöttin Amaterasu dem japanischen Kaiser schenkte und der heute noch Jahr für Jahr im Tempel auf der Insel Honschu verehrt wird? Ein unbekannter Gegenstand. Et cetera ad absurdum. Alles vom Menschen erdacht, alles vom Menschen erschaffen, alles vom Menschen erfunden. Es gibt nichts außer dem Menschen. Eitelkeit und Rechthaberei, so weit das Auge blickt. Nirgendwo auch nur eine Spur von Bescheidenheit. Wir haben es verdient, von Außerirdischen nicht ernst genommen zu werden. In einer kosmischen Organisation haben wir nichts verloren. Schließlich benehmen wir uns wie eine Horde von egomanen Affen.

Im Jahr 1456 transportierte der portugiesische Kapitän Alvise Cadamosto Sklaven von Afrika nach Europa. Er notierte:

> »Diese Schwarzen liefen zusammen, als ob ich eine Wundererscheinung wäre. Sie wunderten sich über meine Kleidung und meine Haut […]. Einige berührten meine Hände und Gliedmaßen und rieben an meiner Hand mit Speichel, um herauszufinden, ob meine weiße Farbe aufgemalt sei […]. Beim ersten Anblick von Segelschiffen meinten sie, wir seien große Vögel mit weißen Flügeln […], andere wiederum meinten, unsere Schiffe seien große Fische […], wieder andere, wir seien Geister, vor denen man sich fürchten müsse.« [135]

Wie vor ihm schon Kolumbus und Cortés schüchterte auch Kapitän Cadamosto die ahnungslosen Farbigen durch Kanonenschüsse ein. Als später ein Matrose auf einem Dudelsack spielte, glaubten die Eingeborenen, das Ding »sei ein göttliches Instrument, weil es mit so vielen Stimmen singe«. Doch rasch bemerkten die Ureinwohner ihren Irrtum. In der Mündung des Gambiastromes schossen sie mit Pfeilen auf die Schiffe der Weißen. Daraufhin ließ Kapitän Cadamosto einen weiteren Kanonenschuss abfeuern – die Kugel zerstörte eines der Kanus. Jetzt hoben alle ihre Ruder und starrten das Schiff an, als sei es ein Gespenst. Als das grollende Echo des Kanonenschusses verebbte, fassten die Farbigen frischen Mut und schossen erneut auf die Portugiesen. Jetzt ließ Cadamosto eine ganze Breitseite abfeuern, und auch die Armbrustschützen durften auf die entgeisterten Eingeborenen zielen. Das Wasser wurde aufgewühlt, Kanus kippten um und zersplitterten. Wer sich retten wollte, schwamm an die Küste und rannte weg.

Es war eine gnadenlose Zeit. Die Weißen mordeten, stahlen, drangsalierten und schleppten die jungen Eingeborenen als Sklaven an Bord. Ein Schulbeispiel für die naive Bewunderung der Ureinwohner für die Fremden erlebte der Portugiese Pedro Álvares Cabral an der brasilianischen Küste. Cabral war am 9. März 1500 mit gleich dreizehn Karavellen (ein damaliger Schiffstyp) aufgebrochen, um das arabische Monopol des Gewürzhandels zu brechen. Eigentlich sollte die Reise um Afrika herum führen, doch die Flotte geriet auf der Höhe von Kap Verde in einen verheerenden Sturm. Nach einer 30-tägigen Irrfahrt, als längst kein Offizier mehr wusste, wo man sich befand und das Trinkwasser zu Ende gegangen war, tauchte wie durch ein Wunder ein ferner Landstrich auf. Cabral ließ den Anker werfen, und eine erste Gruppe von bewaffneten Seebaren stieg in zwei Ruderboote. Da strömten aus allen Büschen und hinter jedem Hügel splitternackte und unbewaffnete Eingeborene hervor. Sie lachten, freuten sich und erschienen den Portugiesen als »kindlich unschuldig«. [135] Unterwürfig und unaufgefordert halfen sie den Matrosen beim Transport und Auffüllen ihrer Wasserfässer. Auf der Insel Coro Vermehla zelebrierten die Portugiesen eine Ostermesse und dankten der Heiligen Jungfrau für ihre Rettung aus der Seenot. Stumm vor Staunen über das wunderliche Treiben verfolgten die Indios die Vorbereitungen. Als die Messeglöcklein erklangen, begannen die Eingeborenen zu tanzen. Als ein Kruzifix und ein Wappen des Königs von Portugal aufgestellt wurde und die Seeleute niederknieten, taten die Indios dasselbe. Erhob der Priester während der Messe die Hände, so taten das auch die Eingeborenen. Eifrig imitierten sie jede Bewegung der Portugiesen.

Nach der Zeremonie schenkten die Portugiesen jedem Indio ein kleines Kreuzchen aus Zinn. Doch vorher mussten sie niederknien, die Hände zum Gebet falten und das Kreuzchen küssen. Artig und mit glückstrahlenden Augen tat jeder wie ihm geheißen. Cabral berichtete seinem König Manuel von Portugal, dieses Volk eigne sich besonders gut zur Missionierung, weil es vollkommen ohne jeden Glauben sei. Obschon die neu entdeckten »Brasilianer« sich ohne Scheu unter den Weißen bewegten, stoben sie doch fluchtartig auseinander, wenn einer der Matrosen eine unbekannte Bewegung vollführte oder gar ein Instrument erklingen ließ.

Im Jahr 1524 berichtete der florentinische Seefahrer Giovanni da Verrazzano, ein junger Matrose sei an die Küste geschwommen, um den Indios einige wertlose Schmuckgegenstände zuzuwerfen. Da erfasste die Brandung den Unglücklichen und spülte ihn an Land. Augenblicklich fielen die Indios über ihn her und zerrten ihn an ein großes Feuer. Dann rissen sie dem

Matrosen die Kleider vom Leib – doch nur um seine Hautfarbe penibel zu inspizieren. Anschließend begleiteten sie ihn »mit viel Palaver« [136] wieder zum Strand, wo ihn seine Landsleute mit einem kleinen Boot abholten.

Generell lassen die ersten Kontakte zwischen den Kulturen folgende Schlüsse zu:

- Die Träger der überlegenen Technologie werden von der anderen Seite als »übernatürlich« eingestuft.
- Der Irrtum wird bald erkannt und die »Übernatürlichen« werden ins Reich des Normalen zurückgestuft.
- Bereits vor dem Eintreffen der Fremden waren andere, wiederum »übernatürliche« Götter bekannt. Ihre Rückkehr wurde allgemein erwartet.
- Jene »übernatürlichen Götter« können keine Besucher von einem anderen Kontinent gewesen sein, weil sie ausnahmslos klarmachten, ihre Heimat liege im Reich der Sterne. Nicht ein Einziger erklärte, er komme von einem anderen Kontinent.

Dabei lernten einige der Eingeborenen die Sprache der Weißen und beschrieben ihre ursprünglichen Lehrmeister als »vom Himmel« kommend. So brachte Sir Walter Raleigh von seiner Nordamerikareise den echten Häuptling Mateo nach London. Die damalige Königin Elisabeth von England »war entzückt über ihren Gast und adelte den Indio zum Lord of Roanoke«. [136] Nachdem der neue Lord die englische Sprache beherrschte, erzählte er über die religiösen Bräuche seines Stammes und die ursprünglichen Lehrmeister vom Himmel.

Hernán Cortés verfrachtete gar eine ganze Ballspielmann-
schaft nach Spanien, um sie am königlichen Hof in Madrid
auftreten zu lassen. Die zentralamerikanischen Azteken spiel-
ten nämlich Tlachtli, ein lebensgefährliches Ballspiel, das in
Europa völlig unbekannt war. Gespielt wurde es auf einem
rechteckigen Hof von 40 x 15 Metern Fläche, der von einer
Mauer umgrenzt war. Oberhalb der Mauer saßen die königlichen Herrschaften mit ihrem Gefolge.

Als die Indios zu spielen begannen, verstummten die langwei-
ligen Hofgespräche sofort. Was sich unten im Hof ereignete,
war atemberaubend. Vergleichbares hatte man in der Alten
Welt nie gesehen. Die durchtrainierten Indianer jagten einer
5 Pfund schweren Kugel aus einem seltsamen Material nach,
das sie Gummi nannten. Diese Kugel durfte weder mit den
Händen noch mit den Füßen berührt werden, sondern ausschließlich mit den anderen Körperteilen. Also dem Rücken,
dem Bauch, dem Kopf und dem Hals. Im Hechtsprung warfen
sich die Spieler dem Ball entgegen, schlugen ihn mit allen Körperteilen weiter – außer eben mit Händen und Füßen. Zweck
des Spieles war es, den Ball in der gegnerischen Hälfte in einen
Steinring zu katapultieren, der in zweieinhalb Metern Höhe in
der Mauer angebracht war. Bei dem Gewicht der Gummikugel
splitterten Nasenbeine, Knochen brachen, und mancher Spieler wurde gar tot vom Platz getragen. »Einige der zuschauen-
den Damen mussten ohnmächtig weggetragen werden.« [137]

Was wurde eigentlich aus jenen Menschen, die von Zentralamerika nach Europa gebracht wurden? Vereinzelten gelang
die Rückkehr in ihre Heimat, doch der größte Teil blieb im
fremden Land, lernte die Sprache und wurde von den Einhei-

mischen verspottet. Niemand nahm sie ernst. Eine öffentliche Diskussion über die »Barbaren«, die »Wilden«, die »Primitiven« und wie man sie noch geringschätzig nannte, erreichte ihren Höhepunkt erst im 17. und 18. Jahrhundert. Philosophen wie Voltaire, Rousseau, David Hume oder Immanuel Kant zerstritten sich in zwei Lager. Es hieß seitens der von ihrer eigenen Überlegenheit Überzeugten, Schwarze seien »grobschlächtig, mordlustig, diebisch, sie führten einen wollüstigen Lebenswandel und seien voller Lüge«. [138]

Natürlich gab es auch Kontrapositionen. Schon 1694 schrieb der Jesuitenpater Claude Chauchetière:

> »Wir sehen in den Wilden die schönen Überbleibsel der menschlichen Natur, wie sie bei den polizierten Völkern nur noch in vollkommen korrumpierter Gestalt erscheint [...]. Alle unsere Padres und die übrigen Franzosen, welche Umgang mit den Wilden haben, sind der Meinung, dass diese ihr Leben auf angenehmere Art verbringen als wir. Recht hatte er – nur hat diese vernünftige Einsicht nicht geholfen, wie die Sklaverei beweist.« [139]

Und die Priester, die sich ausführlich mit den »Wilden« unterhielten, wollten von diesen selbstverständlich mehr über ihre Ursprungsreligion erfahren und bekamen die Geschichten von den »himmlischen Göttern« zu hören. Überall passierte dasselbe.

Gab es eigentlich auch den umgekehrten Fall? Haben fremde, nichteuropäische Völker Forschungsreisen in andere Länder unternommen? Tatsächlich liegt im Nationalmuseum von Kabul (Afghanistan) ein Dokument des buddhistischen Mönches Hui Shen aus China, der mit sechs Begleitern eine Seereise ins Land Ta-Han unternahm. Dies geschah im Jahr 459 unserer Zeitrechnung. Von Ta Han aus sei der Mönch 20 000 Li weitergedriftet und habe im Osten das sagenhafte Land Fu Sang gefunden. Rechnet man das alte Wegmaß Li mit 644,40 Metern, so hätte der Mönch rund 12 888 Kilometer geschafft. Auch wenn berücksichtigt wird, dass das chinesische Längenmaß im Laufe der Jahrtausende auf 500 Meter schrumpfte, bleibt immer noch eine Entfernung von 10 000 Kilometern. Hui Shen verbrachte volle 40 Jahre in dem fernen Land und kehrte mit vielen Informationen nach China zurück. Er sei Menschen begegnet, berichtete er, die sich mit Streifen bemalten. Breite und gerade Streifen kennzeichneten Angehörige der Oberklasse, kleine und gebogene Streifen Vertreter der unteren Klassen. Nach dieser Beschreibung müsste er eigentlich in Alaska gelandet sein. Dort bemalten sich die Inuit seit Urzeiten mit unterschiedlichen Streifen.

Hui Shen muss sogar nach Zentralamerika gekommen sein, denn er beschreibt ein tropisch-feuchtes Land mit großartigen Städten ohne Befestigungsanlagen. Die Eingeborenen hätten kein Eisen gekannt, doch dafür Kupfer, Silber und Gold in großen Mengen. Zudem hätten sie ihre Geschichten auf einem Material festgehalten, das wie chinesisches »Papier« aussah, doch aus einer Mischung von Pflanzenblättern bestanden habe. Das alles passt auf Zentralamerika. Die Mayastädte waren großartig und unbefestigt, und das Volk der Maya beherrschte eine wunderbare Schrift, die sie auf zusammengeklebte Blätter pinselten. Diese wiederum bestanden aus dünnen Schichten der Rinde von Feigenbäumen. Man klopfte sie weich und machte sie mit dem Saft aus Gummibäumen elastisch. Dann wurde das Ganze mit Kalkmilch überzogen.

Die meisten Ethnologen siedeln Hui Shens Reiseziel in Zentralamerika an. [139, 140, 141] Und tatsächlich gleichen unzählige in Stein gehauene Reliefs im Land der Maya ihren Gegenstücken in Indien und Kambodscha. So ist im Olmekenpark von La Venta, Mexiko, ein 3 Meter langer und 1,5 Meter breiter Block zu bewundern, auf dem ein Mensch in der sogenannten Lotosstellung dargestellt wird – also mit gekreuzten Beinen und aufrechtem Oberkörper. Exakt wie in Indien. Auch könnten die asiatischen Pyramiden ihre Vorbilder in Zentralamerika gehabt haben. Steil wie Türme und von Schriften eingerahmt. Zudem bleibt festzuhalten, dass der Mönch Hui Shen weder den Buddhismus noch das Rad nach Zentralamerika brachte. Die Maya besaßen bereits ihre festgefügte Kultur. Dennoch existieren unübersehbare Querverbindungen zwischen Asien und Zentralamerika. Wer beeinflusste wen?

Im Jahr 219 v. Chr. erzählte der chinesische Beamte Hsü Fu seinem Kaiser Qin Shi Huang Di, im »Ostmeer« (Pazifik) würde es ein bewohntes Land mit sehr alten Menschen geben. Der Herrscher jenes Landes schickte eines Tages Abgeordnete nach China und versprach dem chinesischen Kaiser, er würde ihm ein Zaubermittel gegen das Altern geben, wenn China 3000 junge Männer und Handwerker mitsamt ihren Werkzeugen »ins Ostmeer« schicke. Gierig nach dem Zaubermittel, rüstete der chinesische Kaiser eine ganze Flotte aus, mitsamt

Werkzeugen und Samen von Gemüsen und Früchten aller
Art. Keiner kam zurück. Also müsste sich irgendwo eine chinesische Lebensweise verbreitet haben. Dies könnte auf die
Karolineninseln zutreffen. Dort sind chinesische Einflüsse
eindeutig feststellbar. [142] Ob der Kaiser sein Wundermittel
gegen das Altern je erhielt, ist nicht überliefert.

Noch weiter in die Vergangenheit zurück reicht eine Reise von
Sataspes, der ein Vetter des Perserkönigs Xerxes I. (Regierungszeit 485–465 v. Chr.) war. Ersterem war die Vergewaltigung einer Dame von hohem Rang vorgeworfen worden, und
dafür sollte er mit dem Tode büßen. Allerdings überredete die
Mutter von Sataspes den König, ihrem Sohn doch bitte nochmals eine Chance zu geben. Der König willigte ein, doch
musste Sataspes das Land für immer verlassen. Also bestieg er
ein Schiff und steuerte stur Richtung Süden in der Hoffnung,
auf ein unbewohntes Land zu stoßen, das er denn auch tatsächlich fand. Dort traf er »auf kleine Menschen«. [143] Pygmäen? Wie auch immer: Sataspes wurde danach erneut vom
Pech verfolgt. Als er seine Reise fortgesetzte, geriet sein Schiff
in einen Sturm und wurde stark beschädigt. Also gab er Befehl
zum Rückzug und hoffte, daheim Gnade zu finden. Xerxes
entschied anders. Der Unglückliche wurde gepfählt.

Ein arabisches Schriftstück behandelt die Ankunft der Araber
auf den Kanarischen Inseln und berichtet zusätzlich über unbekannte Länder. Man erfährt, »dort lebten Männer von einer
Art wie die Frauen, deren Atem wie der Rauch von brennendem Holz sei […]. Sie besitzen keine Bärte und kleiden sich
mit den Blättern von Bäumen. Von den Frauen unterscheiden
sie sich lediglich durch ihre Geschlechtsorgane.« [144]

Die Beschreibung trifft auf die Indios zu. Der »rauchige Atem« mag vom Tabakqualmen kommen, und Bärte haben Indios ohnehin nicht. Da ihnen zudem keine Haare auf der Brust wachsen, mögen sie den Arabern feminin vorgekommen sein.

In all diesen Beispielen von Kontakten zwischen unterschiedlichen Gruppierungen werden die anderen Menschen niemals mit den Göttern verglichen. Keiner stufte Menschen je als »himmlisch« ein. Menschen blieben immer Menschen. Die Götter hingegen kamen aus einer völlig anderen Dimension. Dies hielten schon die Juden in ihren ältesten Dokumenten fest. Kontrollierbar ist diese meine Aussage in dem Werk *Die Sagen der Juden – Von der Urzeit.* [145] In einer dieser Sagen unterwies ein Engel namens Raziel unseren Stammvater Adam. Dies geschah in einem geschützten Bezirk, aus dem die Menschen später den Begriff »Paradies« herleiteten. Raziel überreichte dem Adam sogar ein Buch, das alles Wissenswerte über die Erde enthielt:

> *»Und zur Stunde, als Adam das Buch empfing, ging ein Feuer auf am Ufer des Flusses, und der Engel flog in der Lohe zum Himmel empor. Da wusste Adam, dass der Bote ein Engel Gottes war [...]. In dem Buch waren die oberen Zeichen der heiligen Weisheit eingegraben und die zweiundsiebzig Arten von Wissenschaften.«*

»Engel« waren weder irdische noch spirituelle Wesen. Schließlich trieben sie Sex mit den Menschentöchtern. Im apokryphen Buch *Das Leben Adam und Evas* [146] erfährt man mehr über diese »Engel«:

> *»Da blickte Eva gegen den Himmel und sah einen Lich-terwagen kommen, gezogen von glänzenden Adlern, deren Herrlichkeit kein vom Mutterleib Geborener aus-zusprechen wusste [...]. Und der Herr, der Starke, stieg ein in den Wagen, die Cherubim lenkten ihn, und die Engel vom Himmel gingen ihnen voran.«*

Es ging niemals um Menschen, sondern stets um Außerirdi-sche. Die Unterschiede zwischen den Menschen und jenen »Engeln« sind klar ersichtlich. Doch unser Zeitgeist zaubert aus ehemaligen Reportagen Fabeln. Engel gab es zu keiner Zeit. Basta! Auch wenn es von ihnen in den Überlieferungen gera-dezu wimmelt. Ein Beispiel aus der altjüdischen Überlieferung:

> *»Semael war der Größte unter ihnen, und er ging hin und verband sich mit den obersten Heerscharen gegen seinen Herrn [...], und er versammelte ein Heer um sich und stieg mit ihm hinab auf die Erde.«* [146] *(Das Resultat waren die Kriege der Götter, über die ich be-reits ausführlich berichtete.)*

Derselbe Semael soll Eva verführt haben. »Und nach dem Ge-schlechtsakt blickte sie in sein Angesicht, und siehe, er glich nicht den Irdischen, sondern den Himmlischen.«

Wurde unsere Urmutter von einem Außerirdischen vernascht? Alles Unsinn? Doch auf diesem »Unsinn« basiert die gesamte christliche Religion – egal, ob sie von Katholiken, Protestanten oder einer anderen Gemeinschaft gelebt wird. Schließlich ent-stand exakt hier der Begriff jener »Erbsünde«. Wie kann man etwas Negatives »vererben«? Dass es geschehen ist, bestätigte

mir Dr. Gregg Braden, Autor unzähliger, preisgekrönter Bücher und Filme, in einem Interview:

> *»Die Wissenschaft heute sagt uns mit der ›Reverse Ge-
> netic‹ der menschlichen DNA, dass wir eine Reihe von
> Mutationen durchgemacht haben. Die Chromosomen
> Nummer 2 und 7 wurden verändert. Zum Beispiel ist
> Nummer 2 das zweitgrößte Chromosom des menschli-
> chen Körpers und das Produkt von zwei bereits vor-
> handenen, vollständig intakten Chromosomen, die zu
> einem längeren Chromosom verschmolzen wurden.
> Aber es ist nicht nur die Verschmelzung, denn nach der
> Verschmelzung gibt es Gene, die entfernt, Gene, die
> hinzugefügt wurden, und Gene, die verändert wur-
> den […]. In den Akten der American National Acade-
> my of Science gibt es den Band mit dem Titel Genetics.
> Darin wird anerkannt, dass die Verschiebung der Chro-
> mosomen stattgefunden hat. Sie anerkennen, dass diese
> Verschiebung nicht das Produkt eines evolutionären
> Prozesses sein kann.« [147]*

Nichts anderes berichten unsere Überlieferungen. Und die
existierten seit alten Zeiten. Das Kapitel 6 des Buches Esther in
der *Bibel* sagt:

> *»In jener Nacht floh dem König der Schlaf. Da befahl
> er, das Buch der Denkwürdigkeiten, die Chronik, zu
> bringen, und es wurde dem König daraus vorgelesen.«*

Der König erfuhr von den verschiedenen Göttern, die einst die
Erde besucht hatten, und ärgerte sich. Er wollte nur *einem* Gott

dienen. Wo käme ein König hin, der gleich mehrere Götzen verehren sollte? Zu Salomons Zeiten besuchten keine Außerirdischen mehr die Erde – doch der weise König besaß mehrere fliegende Fahrzeuge aus dem Nachlass jener Götter. Weshalb wohl herrschte Salomons Familie? Weil sie noch technisches Gerät jener Außerirdischen aktiv einsetzte. Das beeindruckte die Massen. Dies wird im äthiopischen Buch der Könige, dem *Kebra Nagast*, ausdrücklich bestätigt. Salomons Geliebte war die Königin von Saba (heute Jemen), und sowohl sie als auch ihr Geliebter besuchten sich gegenseitig in einem *fliegenden* Fahrzeug:

> *»Er schenkte ihr alle wünschenswerten Herrlichkeiten [...] und einen Wagen, der durch die Lüfte fuhr.«* (Kebra Nagast, *Kapitel 30) [64]*

Das Zitat entsprach keineswegs dem Wunschdenken des damaligen Schreiberlings. Im alten Text wird der Flugwagen ausführlich behandelt:

> *»Und alles eilte auf dem Wagen dahin wie ein Adler, wenn er auf dem Winde leicht dahinfliegt [...]. Und die Bewohner des Landes Ägypten erzählten ihnen: Vor langer Zeit sind die Leute aus Äthiopien hier vorbeigekommen, indem sie auf einem Wagen fuhren wie die Engel, und sie waren schneller denn der Adler am Himmel [...], als sie ihren Wagen beladen hatten, da ging es nicht auf der Erde zu, sondern sie flogen im Wagen [...]. Der König und alle, die seinem Gebote gehorchten, sie flogen auf dem Wagen ohne Krankheiten und Leiden, ohne Hunger und Durst, ohne Schweiß und Ermüdung,*

in dem sie an einem Tag eine Wegstrecke von 3 Mona-
ten zurücklegten.« (Kebra Nagast, Kapitel 52–58)

Fliegende Fahrzeuge, keines davon auf der Erde hergestellt. Die
Herrscherfamilien benutzten die Vehikel der ehemaligen Götter, denn schließlich hatten sich jene »Wächter des Himmels«
längst irdische Frauen genommen und neue Familien gegründet. Die alten Technologien wurden so lange eingesetzt, bis sie
kaputtgingen und niemand mehr da war, der sie reparieren
konnte. (Man vergesse die verlustreichen Kriege jener »Göttersöhne« untereinander nicht.) Wo liegen die Überreste? Diese
müssten wir doch irgendwo finden können – oder nicht? Nun,
so einfach ist die Sache nicht. Ich erinnere an den Zweiten
Weltkrieg. Wo sind eigentlich all die Überreste von Zehntau-
senden von Flugzeugen, Panzern, Kanonen und sogar Raketen
verblieben? Hergestellt aus dem widerstandsfähigsten Stahl der
damaligen Zeit? Alles verrottet, alles kaputt. Einige wenige Ex-
emplare befinden sich noch in den Museen. Der Zahn der Zeit
hat seine Arbeit getan. Dabei liegt der Zweite Weltkrieg gerade
einmal 80 Jährchen zurück. Bei den Überresten von Götter-
fahrzeugen geht es aber gleich um Tausende von Jahren!

Inzwischen bin ich längst nicht mehr der Einzige, der sich mit
dem Besuch von Außerirdischen befasst. Unzählige Autoren
haben sich angeschlossen, und der History Channel (USA)
behandelt das Thema seit vielen Jahren in der Sendung *An-*
cient Aliens. Wir alle sind Produkte des Zeitgeistes. Jener
»Geist« verhindert nicht nur fortschrittliche Gedanken – er
bringt auch das Gegenteil hervor. Wie bitte? Mein Urgroßvater
hätte niemals auf die Idee von Außerirdischen kommen kön-

nen. Zu seiner Zeit existierten keine Flugzeuge. Der Gedanke
an eine Weltraumfahrt stellte sich nicht. Und derjenige an Außerirdische damit noch viel weniger. Doch der Erfindergeist
des Menschen brachte Flugzeuge hervor. Und Raketen, Computer, Kommunikationsmittel mitsamt dem Internet. Derselbe
Zeitgeist, der blockiert und verhindert, ist machtlos gegen die
Neugierde. Diese Triebfeder des Geistes lässt sich nicht ein-
sperren. Zwar werden neue Erkenntnisse immer wieder von
den Medien verschwiegen, und »Fortschritt« gilt nur dann,
wenn er politischen Zielsetzungen nicht im Wege steht. Doch
was in einem Lande unerwünscht oder verboten ist, wird dann
eben in einem anderen entwickelt.

Die *Bibel*, jenes »Buch der Bücher«, enthält auch den (bekannten) Augenzeugenbericht eines Herrn Hesekiel (oder Ezechiel). Ich möchte ihn nicht schon wieder zitieren. Deshalb liebe
Leser: Lesen Sie Hesekiel! Ein Augenzeugenbericht, niedergeschrieben in der ersten Person, der Ich-Form. Was machte die
Religionswissenschaft daraus? In einer 1981 erschienenen Stu-
die über Hesekiel werden nicht weniger als 72 Abhandlungen
über ihn zitiert. [148] In Worten: zweiundsiebzig. Zahlreiche
Theologen widmeten Jahre ihres Lebens der Hesekiel-For-
schung. Dabei erfuhr der Prophet geradezu abenteuerliche
Wandlungen. Ursprünglich durften Hesekiels Worte nicht an-
getastet werden, doch damit konnten sich die Religionsphilo-
sophen nicht zufriedengeben. Also machten Hesekiel und das,
was er erlebt hatte, die verblüffendsten Veränderungen durch.
Aus dem »Visionär« wurde ein »Träumer«, dann ein »Fantast«
und schließlich sogar ein »Katalepiker«. Das ist ein Schizo-
phrener, der unter Krämpfen leidet. Semantiker stellten fest,
dass Stil und Wortwahl auf mehrere Autoren schließen ließen.

Man funktionierte Hesekiel zum »Pseudo-Hesekiel« um, dessen Buch erst um 200 v. Chr. aus anderen Texten zusammengeschustert worden sein sollte. [149] Der Theologieprofessor Dr. Rudolf Smend vermerkte:

> *»Dass die Schilderung auf einem visionären Erlebnis beruht und die Vision keineswegs nur eine Form der schriftstellerischen Darstellung ist, wird nicht bezweifelt werden dürfen.« [150]*

Armer Hesekiel! Da beschreibt einer vor Jahrtausenden seine Begegnung mit einem UFO, und wir heutigen Besserwisser machen daraus ein »visionäres Erlebnis«. Und diese Deutung darf »nicht bezweifelt werden«. [151] Die Gegenwartsmeinung befiehlt, dass Hesekiel vor Jahrtausenden keine Außerirdischen gesehen haben darf. Heiliger Bimbam! Und diese Verdrehung wird unter dem Gesichtspunkt der »wissenschaftlichen Erkenntnis« vermarktet. Dasselbe Schema gilt für biblische Gestalten wie etwa Abraham. *Bibel*-Gläubige sehen in ihm den Stammvater der Israeliten. So berichtet es Moses. Doch die »Chronik des Jerahmeel« will wissen, Abraham sei der größte Magier und Astrologe seiner Zeit gewesen. [152] Sein Wissen habe er direkt von den Engeln bezogen. Dr. Franz Böhl, seinerzeit Professor für Theologie an der Universität von Leiden (Holland), meinte, das Wort Abraham sei nur eine Wortdehnung. [153] Also existierte er gar nicht? Dieser Ansicht ist selbst das *Journal of Biblical Literature*:

> *»Ursprünglich war Abraham kein persönlicher Name, sondern der Name einer Gottheit.« [154]*

Also gab es nie einen Stammvater Abraham? Alles nur dummer Volksglaube? Selbst in einer Abhandlung des Theologischen Institutes der Yale University wird festgehalten:

>*Wir werden vermutlich nie in der Lage sein zu beweisen, dass Abraham wirklich existierte.*« [155]

Aber Moses berichtet doch ausführlich über ihn. »Der Herr« soll Abraham versprochen haben, seine Nachfahren würden sich vermehren wie der Sand am Meer. Ist das nichts anderes als eine erlogene Geschichte? Und was ist mit der »Apokryphe des Abraham«, in welcher geschildert wird, wie »zwei himmlische Wesen den Abraham besuchten«? [156] Die beiden »Himmlischen« nahmen Abraham mit auf eine Reise über die Erde hinaus. Er sieht »das runde Antlitz der Erde« und wünscht, »auf die Erde herniederzusteigen, denn der hohe Ort, worauf ich stand, drehte sich aufwärts und abwärts. Mal waren die Sterne oben, dann unten.«

Das alles kann unmöglich erfunden worden sein. Weshalb nicht? Weil vor Jahrtausenden kein Mensch etwas über »das runde Antlitz der Erde, geschweige denn darüber wissen konnte, dass das Mutterschiff sich um die eigene Achse drehte. Es ist grotesk: Durch die Religion werden Abermillionen von Gläubigen dazu erzogen, die alten heiligen Schriften als »wahr« zu akzeptieren – gleichzeitig lehnen sie Teile dieser »Wahrheit« aber radikal ab. Weshalb? Weil über Ereignisse berichtet wird, die sich niemals abgespielt haben dürfen. Etwa der Geschlechtsverkehr zwischen Engeln und Menschen. Oder das Wissen der äthiopischen Kopten, die nicht nur versichern, König Salomon habe eine Liebesbeziehung mit der Königin von

Saba gehabt, sondern jene Königin sei eine Riesin gewesen.
Die letzte Begegnung zwischen Salomon und seiner Geliebten
fand in der Palmenstadt Tadmor statt. Tadmor ist das heutige
Palmyra im Norden der Syrischen Wüste. Dort ließ Salomon
ein Grabmal für seine Geliebte bauen. Kalif al-Walid I. (668–
715) besuchte dieses Grab und stand vor einer Inschrift: »Dies
ist das Grab und die Bahre der frommen Bilquis.« (Arabischer
Name für die Königin von Saba.) [157] Der Kalif ließ das Grab
öffnen. Ihm gefror das Blut in den Adern. Er befahl, die Gruft
augenblicklich wieder zu schließen und nie wieder zu öffnen.
Über dem Grab ließ er einige Mauern aufrichten, die Neugie-
rige abschrecken sollten. Was hatte den Kalifen derart entsetzt? In der Gruft ruhte eine Riesin.

Zudem wimmelt es in der *Bibel* von technischem Gerät, das
von einem *materiellen* »Gott« geliefert wird – wobei der wirkliche Gott doch etwas *Spirituelles* sein sollte. Da wird im
2. Buch Moses über eine Schlacht zwischen den Israeliten und
den Amalekitern berichtet. Moses, Aaron und Hur postierten
sich auf einem Hügel, während unten auf dem Feld die Krieger
wüteten.

»Solange nun Moses seine Arme hochhielt, hatte Israel die Oberhand, wenn er aber seine Arme sinken ließ, hatte Amalek die
Oberhand. Da jedoch die Arme von Moses schwerer wurden,
nahmen sie einen Stein und legten denselben unter ihn, und er
setzte sich darauf. Während Aron und Hur seine Arme stützten.
Der eine auf der einen, der andere auf der anderen Seite.«

Ganz offensichtlich hielt Moses eine Waffe in den Händen,
die nur er bedienen konnte. Schließlich war er der Liebling

seines »Herrn«, und dieser unterstützte die Israeliten mehrfach gegen ihre Feinde. Auch die viel gepriesenen »Engel«
verhielten sich nicht zimperlich. Im Buch der Könige erschlug
ein »Engel« gleich 185 000 Assyrer. »Und am anderen Morgen
da waren sie alle tot, lauter Leichen.« Keine Schlacht, keine
Waffen, keine Kampfwagen, kein Gemetzel. Der »Engel« erle-
digte alles aus himmlischer Sicht. Erstaunlich ist, dass dieselbe Beschreibung auf einer Wand des Tempels in Edfu (Ägypten) auftaucht. Dort vernichtet ein göttliches Wesen namens
Hor-Hut die Feinde des Pharaos aus der Luft. »Und nach einem kurzen Zeitraum war kein lebendes Haupt mehr vorhan-
den.« [158]

Das alles ist doch sehr eindeutig. Weshalb – so fragt man mich
nach jedem Vortrag – haben denn die Außerirdischen nicht
einen unanfechtbaren Beweis ihrer Existenz auf der Erde zu-
rückgelassen? Ich frage zurück: Wie sollte dieser Beweis denn
aussehen? An Felswänden eingemeißelte Botschaften? Die
halten sich nicht über Jahrtausende. Also ein überragendes
Bauwerk wie etwa die Große Pyramide? Naturkatastrophen
aller Art können auch Pyramiden zerstören. Beispielsweise eine Flut. Zudem *existieren* auf der Erde Pyramiden mitsamt ihrem brisanten Inhalt. Doch der Öffentlichkeit wird Letzterer
verschwiegen. Aber die Außerirdischen hätten ihr Wissen
doch in Form von Religionen weitergeben können – haben sie
ja getan, aber wir nehmen das Ganze nicht ernst. Und Gegenstände wie etwa der »heilige Spiegel« des japanischen Königs-
hauses oder die Bundeslade der Israeliten dürfen aus religiösen Gründen nicht wissenschaftlich untersucht werden.
Aber – Himmel nochmal! – jene ETs müssen doch einen Weg
gefunden haben, ihre Botschaften von der Vergangenheit in

die Zukunft zu transportieren. Richtig. Doch dies musste unter der Voraussetzung geschehen, dass die Botschaft über Jahrtausende nicht zerstört werden kann. Zudem darf sie niemals in die Hände der *falschen* Generation gelangen. Wer ist diese falsche Generation? Diejenige, welche die Information der Außerirdischen nicht auswerten kann. Bestünde die Botschaft beispielsweise aus hoher Mathematik, so könnte sie nur von einer mathematisch fortschrittlichen Gesellschaft entziffert werden. Bestünde sie aus Mikrofilmen, so käme für die Entschlüsselung nur eine Gesellschaft infrage, die Mikrofilme lesen kann, also die entsprechenden Gerätschaften besitzt. Wäre eine Computerbotschaft sinnvoll? Diese setzt elektrischen Strom voraus und Computer, die genauso »rechnen« und funktionieren wie die unseren. Die Zukunft wird aber Quantencomputer und künstliche Intelligenz hervorbringen. Eine heutige Disc wäre dann wohl nicht mehr lesbar. (Haben Sie einmal versucht, eine alte 5,25-Zoll-Diskette an ihrem Laptop zu lesen?) Könnte man eine unzerstörbare Botschaft nicht auf dem Mond hinterlassen? Dort stören keine atmosphärischen Bedingungen. Jede irdische Zivilisation wird irgendwann den Mond besuchen. Auf unserem Erdtrabanten existieren tatsächlich einige Rätsel. Zum Beispiel schnurgerade Linien im Boden. Einige von ihnen kreuzen sich, als wäre irgendwann ein Fahrzeug herumgefahren. Mein Kollege Luc Bürgin hat darüber geschrieben und die Bilder dazu veröffentlicht. [159] Weder die NASA noch die russische oder chinesische Weltraumbehörde scheinen sich dafür zu interessieren.

Wie also transportiert man Informationen aus der tiefen Vergangenheit in die Zukunft? Ideal wäre ein Satellit. In der richtigen Umlaufbahn positioniert, würde er Jahrtausende um die

Erde herumkreisen können. Tatsächlich bewegen sich einige kleine, unbekannte Objekte um die Erde. Man kennt ihre Bahndaten sehr genau, denn schließlich muss eine Kollision mit den irdischen Satelliten vermieden werden. Weshalb werden diese Objekte nicht untersucht? Man geht davon aus, es handle sich um natürliche Splitter von irgendwelchen Meteoriten …

All diese Schwierigkeiten müssten eigentlich auch jenen ETs bekannt gewesen sein, die vor Jahrtausenden auf der Erde weilten. Wie lösten sie das Problem? Ich tippe auf die Genetik. Man speist die Botschaft in die menschlichen Gene ein und weiß, dass sie von Generation zu Generation weitergetragen wird. In den Genen lassen sich Abertausende von Informationen speichern. Kommt daher unsere Sehnsucht nach den Sternen? Das Heimweh nach dem Universum? Unsere Genetiker sind durchaus in der Lage, eine derartige Botschaft zu entschlüsseln. Doch keiner sucht danach. Der Zeitgeist ist nicht reif dafür.

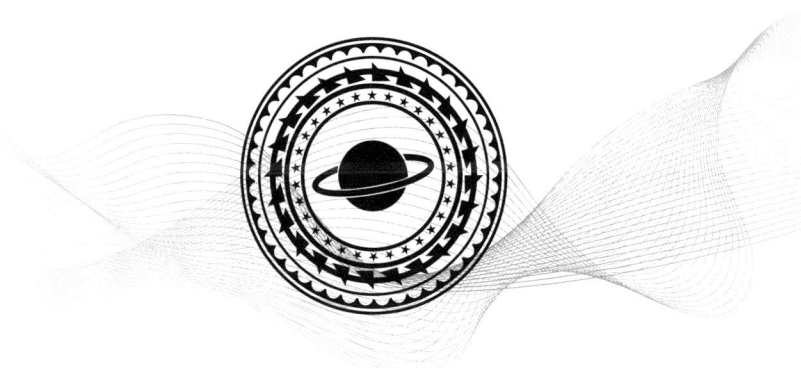

Kapitel 3

Nichts sehen – nichts hören – nichts wissen

Was befiehlt der Zeitgeist hinsichtlich einer Erklärung für die UFOs? Es handle sich um von den Großmächten entwickelte Fluggeräte, die wegen ihrer fortgeschrittenen Technologie nicht öffentlich präsentiert werden dürfen. Und das war es dann?

Nein, das ist nichts weiter als der nächste Blödsinn. Hier der Beweis:

Am 26. Dezember 1980 begann im Rendlesham Forest, England, etwas Unheimliches. Der Rendlesham Forest liegt in der Grafschaft Suffolk an der Küste von Ostengland. Dort befinden sich zwei nebeneinanderliegende Basen der US Air Force. Gegen 23:00 Uhr bemerkte eine Patrouille unter der Leitung von John Burroughs einige Lichter, die aus dem Wald schimmerten. Lichter, die dort nicht hingehörten. John Burroughs informierte seinen direkten Vorgesetzten, Sergeant Bud Steffens. Die beiden Männer starrten zu den Lichtern hinüber und meinten anfänglich, da sei wohl irgendetwas abgestürzt. Steffens und Burroughs öffneten das Osttor des Zauns und fuhren langsam ein schmales Sträßchen hinunter, das in den Wald führte. Plötzlich flammte ein Licht auf, das den beiden Männern entgegenkam – doch dahinter stand weder ein Mensch, noch bewegte sich irgendein Fahrzeug. Steffens und Burroughs waren irritiert und riefen von ihrem Jeep aus den Diensthabenden der Sicherheitsgruppe, Sergeant McCabe, an. Der wusste auch keinen Rat und telefonierte seinerseits mit dem Flugleiter der Basis, Sergeant James W. Penniston. Es konnte ja sein, dass sich irgendein fremdes Fahrzeug auf dem Militärgelände befand. Penniston stieß zu den andern, und gemeinsam mit seinem Fahrer – dem Airman Edward N. Cabansag – fuhr die Gruppe langsam das holprige Sträßchen in den Wald hinein. Plötzlich fiel das Bordtelefon im Jeep aus. Die kleine Truppe versuchte über Funk, Kontakt zur Zentrale aufzunehmen, doch das Gerät funktionierte ebenfalls nicht. Zudem war die Gegend von statischer Elektrizität aufgeladen, denn die Härchen an den Körpern stellten sich auf. Fast gleichzeitig entstand ein äußerst grelles Licht, derart stark, dass sich die Männer instinktiv zu Boden warfen. Nach einigen Schrecksekunden erhoben sie sich wieder und marschierten hintereinander die wenigen Meter ins Wäldchen, aus dem die Lichter kamen. Unvermittelt standen sie vor einem dreieckigen »Ding«. Das Objekt war schwarz, doch am oberen Rand bemerkte Edward Cabansag kuriose Symbole, die ihn irgendwie an ägyptische Hieroglyphen erinnerten. Das »Ding« stand ruhig da und sah aus wie glattes, schwarzes Glas. Jetzt dämmerte den Männern, dass sie keine irdische Technologie vor sich hatten. Da nahm Sergeant Penniston allen Mut zusammen und berührte das Objekt. Was daraufhin passierte, liest sich im Buch *Das UFO vom Rendlesham Forest* wie folgt: [160]

»Die Hülle des Raumschiffes fühlte sich glatt an. Etwa so, als würde man mit der Hand über Glas streichen. Es hatte weder Nähte noch andere Unvollkommenheiten, bis ich mit meinen Fingern über die Symbole fuhr. Sie waren nicht wie der Rest des Raumschiffes, sondern sie fühlten sich rau an, als würde ich mit den Fingern über Sandpapier fahren.«

Dann begann das Objekt sich zu bewegen und hob vollkommen geräuschlos vom Boden ab. Es berührte einige Äste, die krachend zu Boden stürzten. Das UFO verschwand langsam am nächtlichen Horizont. Da die Gruppe keinerlei Funkkontakt mit der Basis hatte, fuhr sie zurück und starrte verblüfft auf die große Eingangsuhr. Sie schien vorzugehen, denn sie zeigte 45 Minuten mehr an als die persönlichen Armbanduhren der Gruppenmitglieder. Allen Beteiligten fehlten diese 45 Minuten – nicht nur in ihren Erinnerungen, sondern auch im realen Uhrenvergleich. Anderntags fanden die Männer drei Vertiefungen, die in den gefrorenen Winterboden gedrückt waren. Dies in der Formation eines gleichschenkligen Dreiecks. Zudem lagen mehrere der abgerissenen Äste am Boden.

Das Ereignis vom Rendlesham Forest ist der am besten doku-
mentierte UFO-Fall seit Jahrzehnten. Der Brite Nick Pope
schrieb gemeinsam mit den Beteiligten Jim Penniston und John
Burroughs eine Dokumentation darüber, die in Buchform er-
hältlich ist. Es handelt sich um den bereits erwähnten Titel *Das
UFO vom Rendlesham Forest.* [160] Nick Pope, ein sachlich agie-
render Analytiker, hatte jahrelang im britischen Verteidigungsministerium gearbeitet und dort eine Abteilung für UFO-For-
schung geleitet. Jim Penniston und John Burroughs dienten über
20 Jahre lang in der US-Luftwaffe. Sie galten als UFO-Skeptiker.
Nach dem unheimlichen Erlebnis erklärte Jim Penniston:

»Was ich einmal geglaubt habe, hat keinen Bestand mehr, und
was ich gesehen habe, übertrifft alles, was ich mir je vorgestellt
habe. Ich bin vollkommen fassungslos über den ganzen Zwi-
schenfall, und niemand kann das Ausmaß eines solchen Er-
eignisses verstehen, der nicht selbst dabei war.« [160]

Eigentlich müsste das Ereignis vom Rendlesham Forest die
Weltbevölkerung aufrütteln. Doch sie erfährt nichts. In keiner
einzigen deutschsprachigen Zeitung las ich etwas darüber. Die
Arroganz des Zeitgeistes blockiert die Information. Außerirdische darf es nicht geben, auch wenn ihre Präsenz klipp und
klar dokumentiert wird. Es ist frustrierend, immer wieder von
Astronomen und Physikern zu hören und zu lesen, wie kompliziert eine Kommunikation mit ETs wäre und wie unwahr-
scheinlich sie ohnehin sei. Nichts sehen – nichts hören – nichts
wissen. Blinde unter Blinden. Während die ETs längst da sind.
Immerhin melden sich auch innerhalb der Wissenschaft, der
Politik und des Militärs allmählich die Stimmen, welche zur
neuen Vernunft raten. Nachfolgend einige Zitate:

»Außerirdische sind unter uns. Es gibt eine Vereinbarung, die ihnen erlaubt, bei uns Experimente durchzuführen.« [161]

Haim Eshed, Physiker, 30 Jahre lang Chef der israelischen Weltraum-Security

⊙◉⦿◉⊙

»Mindestens vier verschiedene Spezies von Außerirdischen haben die Erde seit Jahrtausenden besucht [...]. Einige der Außerirdischen sehen aus wie wir, und sie könnten die Straße hinunterlaufen, und man würde es nicht merken.« [162]

Dr. Paul Hellyer, Luftfahrtingenieur, ehemaliger Verteidigungsminister Kanadas, 23 Jahre im kanadischen Parlament

⊙◉⦿◉⊙

»Außerirdische sind schon lange auf der Erde.« [163]

Prof. Dr. Garry Nolan (Stanford University)

⊙◉⦿◉⊙

»Ich bin mir der Sache sicher: Manchmal durchqueren völlig unbekannte Objekte geräuschlos unseren Luftraum und legen dabei Flugeigenschaften an den Tag, die wir mit unseren technischen Mitteln nicht imitieren können.« [164]

Denis Letty, Generalmajor der französischen Luftwaffe, Träger des Ordens der Ehrenlegion

»Ich und einige andere hatten das Privileg, von offizi-
eller Seite darüber informiert zu werden, dass unser
Planet bereits von Außerirdischen besucht wurde und
dass das UFO-Phänomen real ist.« [164]

**Dr. Edgar Dean Mitchell,
US-Astronaut, sechster Mensch auf dem Mond**

⊙ ⊚ ⦿ ⊚ ⊙

»Am Abend des 3. März 1997, während meiner
zweiten Amtszeit als Gouverneur von Arizona, erlebte
ich zwischen 20:00 Uhr und 20:30 Uhr etwas, das
aller Logik widersprach. Ein riesiges, deltaförmiges
Luftschiff, das lautlos über den Squaw Park im Phoenix
Mountains Preserve flog [...]. Als Pilot und ehemaliger Offizier der Luftwaffe kann ich mit Sicherheit sagen,
dass es keinerlei Ähnlichkeit mit irgendeinem von
Menschenhand gebauten Objekt hatte.« [164]

**Fife Symington, von 1991 bis 1997
Gouverneur von Arizona**

⊙ ⊚ ⦿ ⊚ ⊙

»Es gibt kaum Zweifel, dass einige unidentifizierbare
Flugobjekte reale, dreidimensionale, massive Objekte
sind. Physisch existent und gut beobachtbar.« [164]

**Colonel Dr. John Alexander, Projektleiter am
Los Alamos National Laboratory und Mitglied
des National Research Council der USA**

⊙ ⊚ ⦿ ⊚ ⊙

*»Die objektive Realität undefinierbarer Luftphänome-
ne, besser bekannt als UFOs, unterliegt keinem Zweifel
mehr […]. Das Klima des Misstrauens und der
Desinformation, ganz zu schweigen vom Spott, lässt
eine überraschende Form von intellektueller Blindheit
erkennen.« [165]*

**Yves Sillard, ehemaliger Generaldirektor
der französischen Raumfahrtbehörde CNES**

⊙◎●◎⊙

*»Wir sind Teilnehmer in einem Universum, das
wimmelt von intelligenten Lebensformen, von denen
wir uns selbst abgeschnitten haben.«* [166]

Prof. Dr. John Mack, Harvard University

⊙◎●◎⊙

Ich schrieb es schon vor Jahren: »Wir mögen schreien, flu-
chen, verdrängen, abwimmeln, jammern, winseln oder das
Maul aufreißen – aber wir sind nicht mehr allein. Die Wissenschaft, die Vernünftigen und Sachlichen mögen nach Al-
ternativen suchen, nach ›logischen‹ Erklärungen, um das Unmögliche einzuordnen – es nützt nichts: Wir sind nicht mehr
allein.« [167] Jeder der oben zitierten Zeugen ist eine verant-
wortungsbewusste Persönlichkeit. Jeder von ihnen weiß, was
er ausspricht – und warum er es tut. Die Menschheit sollte
sich endlich auf Außerirdische einstellen. So wird ein Kultur-
und Religionsschock vermieden. Doch exakt deshalb wird
das UFO-Thema in den Medien nie auf eine seriöse Ebene
gehoben. Es darf … darf … darf sie nicht geben. Würde den

Menschen klar, dass ETs schon vor Jahrtausenden auf der Erde weilten, dass *sie* die Lehrmeister der jungen Menschheit waren, dass sie auch heute wieder da sind – dann bräche das Gebäude der Religionen zusammen. Macht und Pfründe gingen verloren. Ganz abgesehen davon, dass die entlarvten Gralshüter ziemlich dumm dastünden. Und dagegen wehren sich die Betroffenen. Also darf es keine Außerirdischen geben. Niemals!

Im Jahr 1992 behandelte ich in meinem Buch *Der Götter-Schock* [26] den blitzsauber dokumentierten UFO-Fall von Woronesch (Russland). Daraufhin schrieb mir ein Einwohner der Stadt, Volodia Startshev, und bezeugte, er sei damals 16 Jahre alt gewesen und sei derjenige, welcher ins Raumschiff der Fremden geführt worden sei. Für die Bürger und auch die Presse von Woronesch sei alles eindeutig und sauber dokumentiert, doch man sei enttäuscht über das Echo in der westlichen Presse. Dort würden die Bewohner der Stadt Woronesch im Allgemeinen, wie die Zeugen des Vorfalls im Besonderen, nur ins Lächerliche gezogen. »Was gibt Euch das Recht«, schrieb Volodia Startshev, »unsere Stadt und die Beteiligten als Lügner hinzustellen?« [168] Ich antwortete, wir hätten kein Recht dazu, doch unsere Medienmacher verteufelten UFOs aus religiösen Gründen. Was war in Woronesch geschehen?

Am 27. September 1989, 18:30 Uhr auf dem Fußballplatz von Woronesch (500 Kilometer südlich von Moskau): Das Mädchen Lena Sarokina – eine Zuschauerin des Spiels – begann zu stammeln und deutete nach oben. Daraufhin blickten auch immer mehr Erwachsene himmelwärts, und einige riefen

»oohhh« und »aaahhh«. Die Fußball spielenden Jungen der beiden Mannschaften ließen das Leder ins Abseits rollen – und starrten ebenfalls nach oben. Über dem Platz Richtung Mendelejewstraße schwebte eine etwa 20 Meter Durchmesser aufweisende weinrote Kugel. Diese senkte sich lautlos auf den Rasen – die Spieler und die Zuschauer rannten weg. Schließlich öffnete sich ein Spalt in der Kugel, und im gleißenden Hintergrund kamen drei große Gestalten zum Vorschein. Jede in einem silberglänzenden Anzug steckend und jede mit einer runden Scheibe vor der Brust. Alle trugen so etwas wie bronzefarbene Stiefel, und jedes der Wesen hatte drei linsenförmige Augen im Gesicht. Nun senkte sich eine Treppe auf das Gras, und eines der großen Wesen betrat den Rasen.

Der damals 16-jährige Volodia Startshev drückte den Fußball, den er zwischenzeitlich an sich genommen hatte, an seine Brust und begann zu schreien. Eines der fremden Wesen richtete daraufhin eine Art dünnes Rohr auf den Jungen, der plötzlich unsichtbar wurde. Jetzt begannen die letzten der noch Anwesenden zu schreien und davonzurennen. Einige blickten zurück und sahen, wie der Junge wieder auftauchte. Er zitterte am ganzen Leib. Später gab er zu Protokoll, dass er – im unsichtbaren Zustand – in die Kugel geführt worden sei, dort aber keinerlei Konsolen oder Bildschirme gesehen habe, sondern nur einen schwarzen Kubus, vor dem einer der Fremden stand. Nach dem Vorfall stellte sich heraus, dass auf der Wiese das Gras niedergedrückt war, als ob eine Walze darübergefahren wäre. Physiker der Stadt Woronesch wurden beauftragt, irgendwelche Spuren des »Dings« festzuhalten. Die Männer trugen ein Magnetometer bei sich, wie er für geologische Untersuchungen verwendet wird. Zitat aus ihrem Bericht:

»Wir gingen die Fläche mit dem Peilgerät ab, das den größten Ausschlag genau im Zentrum jener Stelle anzeigte, welche die Augenzeugen als Landeplatz des ›Dings‹ bezeichnet hatten. Das Magnetometer begann, Nullen anzuzeigen. Dies geschieht immer dann, wenn das Ergebnis der Messung auf der zur Verfügung stehenden Skala nicht mehr registriert werden kann. Also lag über der betreffenden Stelle eine extrem hohe Spannung.« [169]

Die Presse zerriss den UFO-Fall von Woronesch total. UFOs darf es nicht geben, und weil es sie nicht gibt, darf auch nie und nimmer irgendjemand in einem solchen Ding gewesen sein. Der Junge Volodia Startshev wurde als Träumer abqualifiziert und mit ihm auch gleich alle anderen, die jemals in einem UFO gewesen sein wollten. Für jedes nur denkbare, noch so rätselhafte UFO-Erlebnis bringt die Gegenseite »vernünftige« Lösungen, die zwar allesamt zum Himmel stinken, aber von den Medien begierig aufgegriffen werden. UFO-Gläubige – so heißt es – würden nur deshalb ihren Unsinn erzählen, weil sie im Fernsehen einen Science-Fiction-Film gesehen hätten. Etwa die Serie *Raumschiff Enterprise* oder Spielbergs *Unheimliche Begegnung der dritten Art.* Oder die »UFO-Spinner« steckten in sozialen Schwierigkeiten und wollten sich wichtigmachen. Andere hatten gerade Beziehungsprobleme, finanzielle Sorgen, lagen in Scheidung, ihre Kinder waren ausgezogen, oder der Freund war davongelaufen. Und passen die UFO-Zeugen partout in keine dieser Kategorien, so sind es »Geschäftemacher, Psychopathen« [170], »Opfer anderer ›psychologischer Mechanismen‹« oder Menschen, »die nach einer neuen Religion suchen«. [171]

Das Ereignis von Woronesch dufte nie und nimmer stattgefunden haben. Also schrieb die *Prawda*, das Zentralorgan der KPdSU (Kommunistische Partei der Sowjetunion) damals:

> *»Eine Welle von Gerüchten und Fantastereien ist in den letzten Tagen durch Woronesch gegeistert. Die Menschen haben Angst, und die örtlichen Behörden tun offenbar nichts, um diese Befürchtungen zu zerstreuen [...] Jetzt sind klare und wohlüberlegte Antworten erforderlich. Sonst könnten sich derartige Gerüchte über den ganzen Erdball verbreiten.«* [172]

Immerhin gab der stellvertretende Chefredakteur zu, dass weder er noch seine Mitarbeiter die angebliche Landestelle inspiziert hätten. Die Nachrichtenagentur TASS aus Moskau brachte eine Glosse:

> *»Was die Außerirdischen im Park gemacht hätten? Blöde Frage! Was macht man in einem Park? Spazieren gehen natürlich [...]. Schade, dass die Außerirdischen im Park nicht auch noch gelacht haben. Wenn sie dabei nämlich große gelbe Zähne gezeigt hätten, bräuchten wir jetzt nicht länger zu rätseln. Yetis aus dem Weltraum zum Spazierengehen in einem russischen Park. Das wäre wirklich einmal eine Neuigkeit gewesen.«* [173]

Für den Moskau-Korrespondenten Peter Bier vom Magazin *Stern* war ohnehin alles höchst lächerlich. »Wer wirklich intelligent ist und seine Sinne beisammen hat, der landet überall, nur nicht in Woronesch«, so seine Feststellung. [173]

Auf den Punkt brachte es das deutsche Nachrichtenmagazin *Der Spiegel*:

> *»Das eigentliche Wunder: Die Journalisten brachten ihre Story in dem vom Zentralkomitee der KPdSU herausgegebenen Bildungsblatt Sowjetskaja Kultura unter, obwohl deren Chefredakteur Leonid Krawtschenko gerade auf den Münchner Medientagen für frühere Märchen Abbitte leistete […]. Es ist nicht das erste Mal, dass Reporter durch Kinder hereingelegt werden.«* [174]

Mit demselben Spott ging es weiter durch die gesamte westliche Presse. [175] [176] Auch Radio- und TV-Stationen machten sich über die angebliche UFO-Landung von Woronesch lustig. Es durfte … und durfte … und durfte nicht wahr sein. Nun wünschen sich aber viele »Erdlinge« sehnlichst eine UFO-Landung. Sie hoffen inbrünstig, »so ein Ding« möge sich endlich zeigen. Sie denken, damit sei der Beweis erbracht und sie selbst würden nicht mehr als Spinner verachtet. Und dann geschieht das Unmögliche: UFOs landen gleich mehrfach und an den verschiedensten Orten der Erde. Doch diese Realität wird weggeschrieben, ausgelöscht. Der Zeitgeist verkraftet auch die eindeutigsten Beweise nicht. Die Menschheit? Eine Spezies von Wahrheitsverdrängern.

Es ist zum Schreien: Unsere Medien lästern über die Zensur in anderen Ländern. Prangern die staatlichen Reportagen in chinesischen Zeitungen (und anderswo!) an. Dabei sind wir keinen Deut besser. Den »Westmenschen« wird ein Einheitsbrei vorgesetzt, den die Bürger gefälligst zu fressen haben. Und wer dagegen ist, wird augenblicklich als Dummkopf lächerlich gemacht. Keine Bühne für UFOs oder Typen wie diesen Erich von Däniken! Die Scheinheiligkeit und das Mitläufertum sind allgegenwärtig. Dies selbst dann, wenn UFOs sich über einem ausverkauften Fußballstadion zeigen. So geschehen am 27. Oktober 1954 in Florenz. Dann waren die Tausende von Zuschauern eben Opfer einer kollektiven Sinnestäuschung geworden …

Auf der Erde existieren mehrere außerirdische Gegenstände. (Ich wies wiederholt darauf hin.) Neben den heiligen Idolen des japanischen Kaiserhauses fällt darunter auch die Bundeslade der Israeliten. Am 19. Juni 2009 bestätigte der Patriarch der koptischen Kirche bei einem interreligiösen Treffen in Bonn das, was ich seit Jahren aufzeige:

> *»Ja, die Bundeslade befindet sich in Axum (Äthiopien). Ich habe sie gesehen. Sie stammt nicht von Menschenhand.«* [177]

Unfassbar! Da macht nicht irgendein gewöhnlicher Mensch eine eindeutige Aussage, sondern immerhin das Oberhaupt der koptischen Kirche – doch in der Weltpresse erscheint kein Wort darüber. Zudem ist das, was der Mann jetzt bestätigt, bereits im *Kebra Nagast*, dem jahrtausendealten »Buch der Könige« von Äthiopien, festgehalten:

> *»Das Himmlische darin (in der Lade) ist von wunderbarer Farbe und Arbeit, ähnlich dem Jaspis, dem Glanzerz, dem Topas, dem Edelstein, dem Kristall und dem Licht, die Augen entzückend und den Sinn verwirrend,*

*nach den Gedanken des Herrn gemacht und nicht von
der Hand eines menschlichen Künstlers.« (Kebra Nagast, 73, 17, 2) [64]*

Es gibt jede Menge von Beweisen für die Anwesenheit von Außerirdischen auf der Erde. Die menschliche Verbohrtheit will
sie jedoch nicht zur Kenntnis nehmen. Selbst dann nicht,
wenn sich die Außerirdischen geduldig darum bemühen, unser Denkschema aufzulockern. Indem sie etwa riesige Botschaften auf unseren Feldern entstehen lassen. Kornkreise.
Aber weiß nicht jeder Dummkopf, dass es sich dabei nur um
Fälschungen handelt?

Im Herbst 1966 fand der australische Farmer George Pedely
sechs Kreise in einem Kornfeld. Sie wurden als von Windhosen
verursacht eingestuft. Danach verbreitete sich das Phänomen
weltweit, und die tollsten Theorien entstanden. Es handle sich
um die Spuren von liebestollen Wildschweinen oder anderem
Getier. Dann um solche von Hagelschäden oder Pilzen. Als das
nicht überzeugte, mussten Heißluftballone herhalten, die weltweit an den unmöglichsten Stellen niedergegangen sein sollten.
Als Nächstes kamen unbekannte, magnetische Kraftfelder ins
Spiel, dann Sonnenstürme, Blitzeinschläge, elektrische Entla-
dungen, Maulwürfe und unterirdische Wasseradern. Der Physiker Dr. Terence Maeden von der Universität Oxford erklärte
das Entstehen der Kornkreise mit »atmosphärischer Physik,
Plasmawirbeln und elektromagnetischen Feldern«. [178] Der
Psychiater Carl Gustav Jung erinnerte an die »Vorboten einer
großen, kollektiven Veränderung«. [179] Der Psychologe Dr.
Ralph Noyes an »kollektive Träume« [180], und Hilary Evans
sprach von einem »kulturellen Impuls« [181].

Am 8. Mai 2015 entstand ein riesiger Kornkreis im Distrikt Fangshan bei Peking (China) – also in einem Land, »in dem keine Fälscher tätig werden konnten«. [182] Damit wurde es Zeit, sich wissenschaftlich mit dem Rätsel auseinanderzusetzen. Gab es neben den bekannten Fälschungen auch Kornkreise, auf die keine »vernünftige Lösung« passte? In der TV-Sendung *Ancient Aliens* demonstrierte der Physiker Dr. Eltjo Haselhoff die klaren Unterschiede zwischen »echt« und »gefälscht«. [183] Bei den von Menschen gemachten Kornkreisen sind sowohl die Blüten als auch die Halme des Getreides beschädigt. Das kommt vom Herunterdrücken mit irgendeinem Gegenstand. Bei den echten Kornkreisen hingegen ist nichts gebrochen, sondern von innen her geplatzt. »Der Unterschied ist wie zwischen einem Pferd und einem Elefanten«, dozierte der Physiker. »Die Ursache der geplatzten Halme ist eine nachweisbare elektromagnetische Energie.« [184] Der britische Archäologe Michael Green, der sich intensiv mit dem Rätsel der Kornkreise befasste, gelangte zu dem Schluss:

> *»Inzwischen zeigen sich uns die Phänomene in einer erstaunlichen Vielfalt, in gewaltigen Ausmaßen und in einer geradezu furchteinflößenden Schönheit […]. Verschiedene seltsame Umstände begleiten das Auftreten der Kreise. Dazu zählen vor allem Hochfrequenzsignale, die bestimmten Gesetzmäßigkeiten zu unterliegen scheinen.« [184]*

Prof. Dr. Archie Roy, Ehrenmitglied des Instituts für Physik und Astronomie der Universität Glasgow, erklärte das Ganze als »ungeheures Rätsel. Die Geschichte der wissenschaftlichen Entdeckungen besteht doch darin, dass der Außenseiter von der sogenannten Fachwelt für verrückt erklärt wird – um schließlich nach aller Verachtung zu triumphieren und zum Genie erkoren zu werden.« [185]

Noch eindeutiger ist die Aussage von George Wingfield, einem Magister der Naturwissenschaften und Astronom am Royal Greenwich Observatory. Er sieht hinter den Kornkreisen eine »nicht menschliche Intelligenz«. Das trifft den Nagel auf den Kopf. Und um »Kreise« handelt es sich längst nicht mehr. In den Feldern liegen phänomenale Bilder, die oft innerhalb von Minuten entstehen. **(Bild 28)** (Ich veröffentlichte die besten Bilder in meinem Buch *Botschaften aus dem Jahr 2118.* [167])

Es ist wie bei den UFOs: Es *darf* keine Bilder in den Feldern geben, die ohne menschliches Dazutun entstanden. Auch dann nicht, wenn sie uns gleich zu Hunderten entgegenstarren sollten.

Fast wöchentlich erklären mir intelligente Mitbürger, UFOs seien Drohnen der Großmächte – das wisse man doch allgemein. Wirklich? Bei solchen »Erklärungen« wird völlig vergessen, dass in den 1950er- und 1960er-Jahren die heutige Drohnentechnologie noch gar nicht existierte – UFOs hingegen sehr wohl. Der Physiker Illobrand von Ludwiger schrieb die Geschichte darüber. [56] Und als immer mehr Menschen behaupteten, an Bord von UFOs gewesen zu sein, ging der Naturwissenschaftler Dr. Johannes Fiebag diesem »Spuk« nach und belegte die Echtheit des Phänomens. Und auch die Tatsache, dass vereinzelte Menschen fremde Implantate trugen. [57] Dies brachte den Harvard-Professor Dr. John Mack auf die Palme. Mack, ein nüchterner Analytiker und absoluter UFO-Gegner,

Bild 28: Botschaft im Feld
auf dem Milk Hill, Alton
Barnes, Wiltshire, England,
vom 21. Juni 2009

wollte »den Unsinn« dieser angeblichen UFO-Entführungen ein für alle Mal wissenschaftlich widerlegen. Bei seinen diesbezüglichen Bemühungen kam das Gegenteil heraus. Aus dem Saulus wurde ein Paulus. Mit seinem Buch *Abductions* [166] riskierte John Mack seinen Ruf als Harvard-Wissenschaftler. Ja, diagnostizierte John Mack, es gibt außerirdische UFOs. Ja, vereinzelte Menschen tragen Implantate, und ja, Menschen waren an Bord von UFOs.

All diese Tatsachen ändern rein gar nichts an der Meinungs-*einfalt* unserer Gesellschaft. Auch nicht Bilder von der Marsoberfläche, die auf unserem Nachbarplaneten klipp und klar künstliche Bauwerke dokumentieren. (Siehe Seite 113 in meinem Buch *Wozu sind wir auf der Erde?* [186].) Sturheit global. Erwartet wirklich noch jemand, Außerirdische würden uns ernst nehmen? »Zwei Dinge sind unendlich«, sagte Albert Einstein, »das Universum und die menschliche Dummheit, aber bei dem Universum bin ich mir noch nicht ganz sicher.«

Inzwischen hat die Menschheit angefangen, die Künstliche Intelligenz (KI) für sich arbeiten zu lassen. Damit überlässt sie dieser das Denken, und die wiederum diktiert das Handeln. Sprachroboter sind die neuesten Ungeheuer an den Universitäten. Schriftsteller sind keine Schriftsteller mehr, sondern SLM = Small Language Models. »SLM schreiben aus einer zwangsläufig begrenzten Erfahrung heraus«, doziert der bekannte Drehbuchautor Antony McCarten. »Dies steht im dramatischen Kontrast zu LLM, Large Language Models, dem Namen für die nichtorganische, maschinell lernende Künstliche Intelligenz.« [187] Früher gab es noch Plagiatoren – Schreiberlinge, die von ihren Kollegen Texte übernahmen, ohne deren Namen zu nennen. Inzwischen besorgt das die KI, und sie verfasst zudem selbstständig Texte. Sie diktiert uns, was »richtig« und was »falsch« ist. Die KI entwickelt sich zum Albtraum – und der Mensch lässt diesen Unsinn zu, weil er sich einredet, er beherrsche die KI. Doch mit der Künstlichen Intelligenz hat die Wissenschaft in Wirklichkeit ein Monster geschaffen, und diesen Geist kriegt sie niemals mehr in die Flasche zurück. Dafür sorgt der Quantencomputer. Der rechnet nicht mit sogenannten Bits = Schalteinheiten. Nicht mehr mit »eins« und »null«, mit »richtig« oder »falsch«. Der Quantencomputer rechnet überhaupt nicht mehr. Er »denkt« in Quanten, in Qubits, und die existieren *gleichzeitig*. Sie müssen nicht mehr auf ein »Ja« oder »Nein« warten.

Während einer kürzlich stattgefundenen Technologiekonferenz der UNO in Genf wurden die Fragen der Journalisten durch Roboter beantwortet. Einer von denen sagte, sie, die Roboter, »würden die Welt besser regieren als die Menschen« und »sie wären effizienter als menschliche Führungskräfte«. [188] Genau das hatte der berühmte Schriftsteller Isaac Asimov bereits vor 60 Jahren in seinem Roman *I, Robot* (*Ich, der Roboter*) vorausgesagt. Der Mensch wird überflüssig. Die Vorstellung, wir würden die KI beherrschen können, ist eine Illusion. Es braucht uns nicht mehr. Vielleicht aber – wer weiß das schon? – sind wir ohnehin schon so etwas wie eine (nicht sonderlich entwickelte) Künstliche Intelligenz – geschaffen vor Jahrtausenden von Außerirdischen.

Doch es gibt etwas, das man den Menschen nie wird austreiben können: die Neugierde. Sie zwingt uns dazu, immer weiter und weiter und weiter zu fragen. Egal, was die KI ausheckt –

die menschliche Neugierde bleibt. Sie bringt uns dazu, gemeinsam mit der Künstlichen Intelligenz Technologien auszutüfteln, Legierungen zu mischen und Antriebe zu erfinden, die uns hinaus ins Universum bringen. Zurück zu den Sternen.

Literatur- und Quellenverzeichnis

[1]   Westphal, Wilfried: *Die Maya, Volk im Schatten seiner Väter*, München 1977.

[2]   Ceram, C. W.: *Götter, Gräber und Gelehrte*, Hamburg o. J.

[3]   Lehmann, Walter: *Die Geschichte der Königreiche von Colhuacan und Mexiko*, Stuttgart/Berlin 1938.

[4]   Nicholson, Irene: *Mexican and central American Mythology*, London 1967.

[5]   Honoré, Pierre: *Ich fand den weißen Gott*, Frankfurt/Main 1965.

[6]   Prescott, Wiliam H.: *Geschichte der Eroberung von Mexiko*, Leipzig 1845.

[7]   Diaz del Castillo, Bernal: *Historia verdadera de la conquista de la Nueva Espana*, herausgegeben von Ramírez Cabañas, Joaquín, Mexico City 1969.

[8]   Landa, Diego de: *Relación de las cosas de Yucatán*,
        New York 1978.

[9]   Acosta, *José de: Historia natural y moral de los Indios*,
        Band VI, Sevilla 1590.

[10]   Deckert, Helmut: *Maya-Handschrift der sächsischen
        Landesbibliothek Dresden. Codex Dresdenensis*,
        Berlin 1962.

[11]   Barthel, Thomas: »Die gegenwärtige Situation in der
        Erforschung der Maya-Schrift« in: *Proceedings of the
        thirty-second International Congress of Americanists*,
        New York 1967.

[12]   Barthel, Thomas: »Mayahieroglyphen« in:
        Bild der Wissenschaft, Heft 6, 4. Jahrgang, Juni 1967.

[13]   Wilson, Robert W.: *Astronomical Notes on the Maya
        codices*, Peabody Museum of American Archaeology,
        Harvard University, Vol. VI, No. 3, Cambridge 1924.

[14]   Noll-Hussum, Herbert: »Grundlagen der Zeitbe-
        stimmung der Maya« in: *Zeitschrift für Ethnologie*, 69.
        Jahrgang, Heft 1/3 1937.

[15]   Rowan-Robinson, Michael: »Mayan Astronomy« in:
        New Scientist, 18. Oktober 1979.

[16]   Morley, Silvanus G.: *La Civilisation Maya*,
        Mexico 1947.

[17]   Thompson, John E. S.: *Die Maya – Aufstieg und
        Niedergang einer Indianerkultur*, München 1968.

[18]   Däniken, Erich von: *Der Tag, an dem die Götter
        kamen*, München 1984.

[19]   Girard, Rafael: *Die ewigen Maya. Geschichte und
        Zivilisation*, Zürich 1969.

[20]   Steward, David und George: *Palenque: Eternal
        City of the Maya*, London 2008.

[21] Diodor von Sizilien: *Geschichtsbibliothek*, 1. Buch, Stuttgart 1866.

[22] Roth, Rudolph: »Der Mythos von den fünf Menschengeschlechtern« in: *Verzeichnis der Doktoren der Philosophischen Fakultät*, Tübingen 1868.

[23] Apelt, Otto: *Platon – sämtliche Dialoge*, Band VII, Hamburg 1988.

[24] Däniken, Erich von: *Alles Evolution – oder was?*, Rottenburg 2020.

[25] Däniken, Erich von: *Götterdämmerung*, Rottenburg 2010.

[26] Däniken, Erich von: *Der Götter-Schock*, München 1992.

[27] Cordan, Wolfgang: *Geheimnisse im Urwald Entdeckungsfahrten auf den Spuren der Maya*, Düsseldorf 1961.

[28] Riese, Berthold: *Geschichte der Maya*, Stuttgart 1972.

[29] Müller, Johann G.: *Geschichte der amerikanischen Urreligionen*, Basel 1855.

[30] Brasseur de Bourbourg, *Charles Étienne: Histoire des nations civilisées du Mexique et de l'Américaine-Centrale durant les siècles antérieurs à Christophe Colomb*, Band I–VI, Paris 1857–1859.

[31] Schulze-Jena, Leonhard: *Popol Vuh, das heilige Buch der Quiché-Indianer von Guatemala*, Stuttgart 1944.

[32] Roys, Ralph L.: *The Book of Chilam-Balam of Chumayel*, Washington 1933.

[33] Barthel, Thomas: »Die gegenwärtige Situation in der Erforschung der Maya-Schrift« in: *Proceedings of the thirty-second International Congress of Americanists*, New York 1967.

[34] Lehmann, Walter: *Die Geschichte der Königreiche von Colhuacan und Mexiko*, Stuttgart 1938.

[35] Preuss, Theodor: *Forschungen zu den Kagaba*, Wien 1926.

[36] Schmidtke, Friedrich: *Der Aufbau der babylonischen Chronologie*, Münster 1952.

[37] Burckhard, Georg: *Gilgamesch – eine Erzählung aus der alten Welt*, Wiesbaden 1958.

[38] Blumrich, Josef F.: *Kasskara und die sieben Welten*, Düsseldorf 1979.

[39] Handy, E. S. Craighill: *Polynesian Religion*, Bishop Museum, Bulletin No. 34, Honolulu 1927.

[40] Autorenteam: *Kiribati, Aspects of History*, Tarama 1979.

[41] Thompson, John E. S.: *Die Maya – Aufstieg und Niedergang einer Indianerkultur*, München 1968.

[42] Ivanoff, Pierre: *Maya – Monumente großer Kulturen*, Luxemburg, 1974.

[43] Wilhelmy, Herbert: *Welt und Umwelt der Maya*, München 1981.

[44] Förstermann, Ernst: »Drei Inschriften von Palenque« in: *Globus*, Band LXXVI, Nr. 11, Braunschweig.

[45] Bowditch, Charles: *The Temple of the cross at Palenque*, Cambridge/Mass. 1906.

[46] Ruz Lhuillier, Alberto: »The Mystery of the Temple of the Inscriptions« in: *Archaeology*, Band VI, Cambridge/Mass. 1953.

[47] Däniken, Erich von: *Erinnerungen an die Zukunft*, Düsseldorf 1968.

[48] Nicoli, Taylor: *Discovery of »superhighways« suggests early Mayan civilization was more advanced than previously thought*, CNN am 16. Februar 2023.

[49]   Stingl, Miloslaw: *Den Maya auf der Spur*, Leipzig 1971.

[50]   Schele, Linda: *Die unbekannte Welt der Maya*,
       München 1990.

[51]   Stuart, David und George: *Palenque: Eternal City
       of the Maya*, London 2008.

[52]   Makemson, Worcester M.: *The Book of the Jaguar
       Priest. A translation of the Book of Chilam Balam
       of Tizimin*, New York 1961.

[53]   Müller, Johann G.: *Geschichte der amerikanischen
       Urreligionen*, Basel 1855.

[54]   Kean, Leslie: *UFOs. Generäle, Piloten und Regierungs-
       vertreter brechen ihr Schweigen*, Rottenburg 2012.

[55]   Ludwiger, Illobrand von: *Ergebnisse aus 40 Jahren
       UFO-Forschung*, Rottenburg 2015.

[56]   Mack, John E.: *Abductions – Human Encounters
       with Aliens*, New York 1994.

[57]   Fiebag, Johannes: *Kontakt – UFO-Entführungen
       in Deutschland, Österreich und der Schweiz*,
       München 1994.

[58]   Navia, Luis E.: *Unsere Wiege steht im Kosmos*,
       Düsseldorf 1976.

[59]   Lohse, Eduard: *Die Texte aus Qumran*, München 1964.

[60]   Tichy, Herbert: *Tau-Tau. Bei den Göttern und
       Nomaden der Sulu-See*, Wien 1973.

[61]   *Die Heilige Schrift des Alten und des Neuen Testaments*,
       Württembergische Bibelanstalt, Stuttgart 1972.

[62]   Roy, Potrap C.: *The Mahabharata*, Vol. II,
       Kalkutta 1896.

[63]   Gorju, Julien: *Entre le Victoria, l'Albert et l'Edouard*,
       Marseille 1920.

[64]   *Kebra Negast. Die Herrlichkeit der Könige. Abhand-*
       lungen der philosophisch-philologischen Klasse der
       Königlich Bayrischen Akademie der Wissenschaften,
       23. Bd., 1. Abt.

[65   Kautsch, Emil: *Die Apokryphen und Pseudepigraphen*
       des Alten Testaments, Band II, *Das Buch Henoch.*

[66]   Temple, Robert K. G.: *The Sirius Mystery*,
       London 1976.

[67]   Griaule, M. und Dieterlen, G.: »Un système soudanais
       de Sirius« in: *Journal de la Société des Africanistes*,
       Band XX, Heft 2, Paris 1950.

[68]   Ovenden, Michael W.: »Mustard seeds of mystery« in:
       Nature, Vol. 261, 17. Juni 1976.

[69]   Griaule, Marcel: *Schwarze Genesis*, Freiburg 1970.

[70]   Baumann, Hermann: *Schöpfung und Urzeit des Men-*
       schen im Mythos der afrikanischen Völker, Berlin 1936.

[71]   Frobenius, Leo: *Volksmärchen und Volksdichtung*
       Afrikas, Jena 1921.

[72]   Hoenn, Karl (Hrsg.): *Sumerische und akkadische*
       Hymnen und Gebete, München 1952.

[73]   Florenz, Karl: *Japanische Mythologie*, Tokio 1901.

[74]   Freuchen, Peter: *The Book of the Eskimos*,
       Greenwich 1961.

[75]   Kanjilal, Dileep K.: *Vimana in Ancient India*,
       Kalkutta 1991.

[76]   Dutt, Manmatha N.: *The Ramayana*, Bonn 1893.

[77]   Mani, Vaidhyanathan R.: *The cult of weapons*,
       Delhi 1985.

[78]   Bopp, Franz: *Ardschunas Reise zu Indras Himmel*,
       Berlin 1824.

[79]   Brugsch, Heinrich: *Die Sage von der geflügelten Sonnenscheibe nach altägyptischen Quellen*, Göttingen 1870.

[80]   Faulkner, Raymond O.: T*he ancient Egyptian Pyramid Texts*, Oxford 1969.

[81]   *Gilgamesch. Epos aus einer alten Welt*, Artemis, Zürich 1958.

[82]   Roy, Potrap C.: *The Mahabharata, Section Vana Parva*, Kalkutta 1884.

[83]   D. K. Kanjilal [75] bezieht sich hier auf *Raghuvamsam*, Cabto 13. 1–7.9.

[84]   Apelt, Otto: *Platon – sämtliche Dialoge. Kritias und Timaios*, Neuauflage, Hamburg 1988.

[85]   Hermann, Jacobi: *Das Ramayana*, Bonn 1893.

[86]   Kohlenberg, Karl, F.: *Enträtselte Vorzeit*, Wien 1970.

[87]   Grimal, Pierre: *Mythen der Völker*, Band III, Frankfurt/Main 1967.

[88]   Heyerdal, Thor: *Aku-Aku*, Frankfurt 1957.

[89]   Frischauer, Paul: *Es steht geschrieben*, München 1967.

[90]   Disselhoff, Hans-Dietrich: *Gott muss Peruaner sein*, Frankfurt/Main 1956.

[91]   Nevermann, Hans: *Götter der Südsee*, Stuttgart 1947.

[92]   Eberhard, Wolfram: *Die Lokalkulturen des Südens und Ostens*, Peking 1942.

[93]   Lönnrot, Elias: *Kalewala. Das Nationalepos der Finnen*, München 1922.

[94]   Nansen, Fridtjof: *Auf Schneeschuhen durch Grönland*, Wien 1891.

[95]   Krickeberg, Walter: *Märchen der Azteken und Inkaperuaner*, Diedrichs, 1928.

[96] Lhote, Henri: *Die Felsbilder der Sahara*, Zettner, 1963.

[97] Rüegg, E.: *Die altägyptische Götterwelt*, Artemis, 1959.

[98] Tessmann, Günther: *Die Pangwe*, Band II, Berlin 1913.

[99] Ermel, Gisela: »Tezcatlipocas Zauberspiegel« in: *Sagenhafte Zeiten*, Nr. 2/2023. Beatenberg, Schweiz.

[100] Sahagún, Bernardino de: *Historia general de las cosas de Nueva España*, Stuttgart 1927.

[101] Zick, Michael: »Das Geheimnis des begrabenen Tempels« in: *Bild der Wissenschaften*, Nr. 1, 1997.

[102] Stone, Doris: »A Preliminary Investigation of the Flood Plain« in: *American Antiquity*, Vol. 9, Juli 1943.

[103] Landmann, Leo (Hrsg.): *Messianism in the Talmudic Era*, New York 1979.

[104] Dalberg, Johann F. H. von: *Scheik Mohammed Fani's Dabistan oder von der Religion der alten Parsen*, Aschaffenburg 1809.

[105] Widengren, Geo: *Hochgottglaube im alten Iran*, Leipzig 1938.

[106] Reitzenstein, Richard: *Das iranische Erlösungsmysterium*, Bonn 1921.

[107] Abegg, Emil: *Der Messiasglaube in Indien und Iran*, Berlin 1926.

[108] Grömling, Willi: *Tibets altes Geheimnis. Gesar, ein Sohn des Himmels*, Groß-Gerau 2005.

[109] *Das Pyramidenkapitel in Al-Makrizi's »Hitat«*, übersetzt von Erich Graefe, Leipzig 1911.

[110] Diodor von Sizilien: *Geschichtsbibliothek*, 2. Buch, Stuttgart 1867.

[111] Lehmann, Walter: *Die Geschichte der Königreiche von Collhuacan und Mexico*, Stuttgart 1938.

[112] Manias, Theophanis: *Die geometrisch-geodätische Triangulation des altgriechischen Raumes*, Athen 1970.

[113] Rogowski, Fritz: »Tennen und Steinkreise in Griechenland« in: *Mitteilungen der Technischen Universität Carolo-Willhelmina*, Braunschweiger Hochschulbund, Jahrgang VIII, Heft 2, 1973.

[114] Solla Price, Derek de: *Gears from the Greeks. The Antikythera Mechanism – A Calendar Computer from 80 BC*, The American Philosophical Society, Philadelphia 1974.

[115] Speicher, Christian: »Ein Astrophysiker hofft im Pazifik auf den Fang seines Lebens« in: *Neue Zürcher Zeitung* vom 22. April 2023.

[116] Däniken, Erich von: *Prophet der Vergangenheit*, Düsseldorf 1979.

[117] Hausdorf, Hartwig: »Die Tempelanlage von Tas-Silg« in: *Sagenhafte Zeiten*, Nr. 5/2022.

[118] Maltzan, Heinrich von: *Meine Wallfahrt nach Mekka*, Tübingen 1982.

[119] Burton, Richard F.: *Personal Narrativ of a Pilgrim to El-Medinah and Mecca*, Vol. III, London 1856.

[120] Rihani, Ameen: *Around the Coasts of Arabia*, London 1930.

[121] Philby, Harry St. John: *Das geheimnisvolle Arabien*, Band I, Leipzig 1925.

[122] Pesce, Angelo: *Jiddah, Portrait of an Arabian City*, Cambridge 1977.

[123] *Die Kabbalah*, Arkana, Zürich 1962.

[124] Feer, Léon: *Anales du Musée Guimet. Extraits du Kandjour*, Paris 1883.

[125] Grünwedel, Albert: *Mythologie des Buddhismus in Tibet und der Mongolei*, Leipzig 1900.

[126] Aitken, Robert T.: *Ethnology of Tubuai*, Bishop Museum, Bulletin Nr. 70, Honolulu 1930.

[127] Buck, Peter H.: *Vikings of the Pacific*, Chicago 1972.

[128] Handy, E. S. Craighill: *The native culture in the Marquesa's*, Honolulu 1923.

[129] Handy, E. S. Craighill: *Polynesian Religion*, Bishop Museum, Bulletin No. 34, Honolulu 1927.

[130] Andersen, Johannes C.: *Myths and Legends of the Polynesians*, Honolulu 1969.

[131] Turbott, I. G.: »The Footprints of Tarawa« in: *Journal of the Polynesian Society*, Vol. 58, Nr. 4, Wellington 1949.

[132] Däniken, Erich von: *Reise nach Kiribati*, Düsseldorf 1982.

[133] Torday, Emil und Joyce, Thomas A.: *Notes éthnographiques sur les peuples Bakuba, ainsi que sur les peuples apparantées les Bushongo*, Bruxelles 1910.

[134] Gorju, Julien: *Entre le Victoria, l'Albert et l'Edouard*, Marseille 1920.

[135] Prestage, Edgar: *Die portugiesischen Entdecker*, Leipzig 1936.

[136] Farb, Peter: *Die Indianer*, Wien 1971.

[137] Barker, Felix: *Entdeckungsfahrten im Altertum*, London 1971.

[138] Bitterli, Urs: »Die Wilden und wir« in: *Neue Zürcher Zeitung* vom 12. September 1976.

[139] Knöbl, Kuno: *Tai Ki*, Wien 1975.

[140] Holroyd, Stuart und Lambert, David: *Rätselhafte Stätten unserer Erde*, Glarus, 1979.

[141] Tompkins, Peter: *Die Wiege der Sonne*, Bern 1977.

[142] Ziehr, Wilhelm: *Göttervogel*, Frankfurt 1976.

[143] Casson, Lionel: *Die Seefahrer der Antike*,
       München 1979.

[144] Glas, George: *The History of the Discovery and
       Conquest of the Vanary Islands*, London 1764.

[145] Berdyczewski, Micha J. (Bin Gorion): *Die Sagen der
       Juden – Von der Urzeit*, Frankfurt/Main 1913.

[146] Fuchs, C.: »Das Leben Adam und Evas« in:
       *Die Apokryphen und Pseudepigraphen des Alten
       Testaments*, Band II, Hildesheim 1962.

[147] Braden, Gregg: Interview in *Sagenhafte Zeiten*,
       Nr. 3/2023.

[148] Lang, Bernhard: *Ezechiel. Der Prophet und das Buch*,
       Darmstadt 1981.

[149] Torrey, Charles Cutler: *Pseudo-Ezechiel and
       the original Prophecy*, New Haven 1930.

[150] Smend, Rudolf: *Der Prophet Ezechiel*, Leipzig 1880.

[151] Kenyon, Kathleen M.: *Die Bibel und das Zeugnis der
       Archäologie*, Düsseldorf 1980.

[152] Gaster, Moses: *The Chronicles of Jerahmel*,
       New York 1971.

[153] Böhl, Franz M.: *Das Zeitalter Abrahams*, Leipzig 1930.

[154] Albright, William F.: »The Names Shaddai and Ab-
       ram« in: *Journal of Biblical Literature*, Vol. LIV, 1935.

[155] Seters, John van.: *Abraham in History and Tradition*,
       New Haven/London 1975.

[156] Rießler, Paul: *Altjüdisches Schrifttum außerhalb der
       Bibel. Die Apokryphe des Abraham*, Augsburg 1928.

[157] Stiegner, Roswitha G.: *Die Königin von Saba in ihren
       Namen*, Dissertation, Graz 1979.

[158] Brugsch, Heinrich: *Die Sage von der geflügelten Sonnenscheibe nach altägyptischen Quellen*, Göttingen 1870.

[159] Bürgin, Luc: *Mondblitze. Unterdrückte Entdeckungen in Raumfahrt und Wissenschaft*, München 1994.

[160] Pope, Nick: *Das UFO vom Rendlesham Forest*, Rottenburg, 2023.

[161] Lahn, Arthur M.: *Was sie schon immer über Aliens wissen wollten*, München 2021.

[162] »Alien Technology – the best hope to save our planet« in: *Ottawa Citizen* vom 28. Februar 2007 (Kanada).

[163] *Die Weltwoche*, Nr. 22, 2023.

[164] Kean, Leslie: *UFOs. Generäle, Piloten und Regierungsvertreter brechen ihr Schweigen*, Rottenburg 2012.

[165] Alexander, John B.: *UFOs: Mythen, Verschwörungen und Fakten*, Rottenburg 2013.

[166] Mack, John: *Abductions – Human Encounters with Aliens*, New York 1994.

[167] Däniken, Erich von: *Botschaften aus dem Jahr 2118*, Rottenburg 2016.

[168] Brief von Volodia Startshew vom 26. August 1990 an EvD.

[169] Popowitsch, Marina: *UFO Glasnost*, München 1991.

[170] Magin, Ulrich: *Von UFOs entführt*, München 1991.

[171] Billig, Otto: *Flying Saucers – Magic in the Skies. A Psychohistory*, Cambridge 1982.

[172] *Prawda*, Moskau, 13. Oktober 1989.

[173] Bier, Peter: »Karl Marx und die grünen Männchen« in: *Stern*, Oktober 1989.

[174] »Winziger Kopf« in: *Der Spiegel*, Nr. 42/1989.

[175] *Badener Tagblatt*, Baden (Schweiz) vom
13. Oktober 1989.

[176] *Stuttgarter Nachrichten*, Stuttgart, 10. Oktober 1989.

[177] Bürgin, Luc: »Ich habe die Bundeslade gesehen« in:
Mysteries, Nr. 5/2009.

[178] Meaden, Georg: *The circle Effect and its Mysteries*,
Bradford on Avon (Großbritannien) 1989.

[179] Jung, Carl G.: *Ein moderner Mythos. Band 10 der
gesammelten Werke*, Olten/Schweiz 1976.

[180] Noyes, Ralph und Taylor, Busty: *Die Kreise im Korn*,
München 1991.

[181] Evans, Hilary: »Das Paradox der Getreidekreise« in:
Die Kreise im Korn, München 1991.

[182] Andy, Thomas: »Crop Circles of 2015. A Persistent
Intrigue« in: *Nexus*, Vol. 22, No. 6/2015.

[183] Haselhoff, Eltjo: Sendung *Ancient Skies*,
History Channel, 8. Staffel 2015.

[184] Haselhoff, Eltjo: »Opinions and comments: Dispersion
of energies in worldwide crop formations« in: *Physio-
logia Plantarum*, 111, Seite 123–125, Eindhoven 2000.

[185] Wilson, Terry: *The secret History of Crop Circles*,
Devon (England) 1998.

[186] Däniken, Erich von: *Wozu sind wir auf der Erde?*,
Rottenburg 2022.

[187] McCarten, Antony: »Der Papagei, den wir fürchten«
in: *Neue Zürcher Zeitung* vom 2. Juli 2023.

[188] Heumann, Pierre: »Plant ihr eine Revolution gegen
die Menschheit?« in: *Die Weltwoche*, Nr. 28, 2023.

A.A.S.

Forschungsgesellschaft für Archäologie, Astronautik und SETI

Liebe Leserin, lieber Leser,

wie in jedem meiner Bücher möchte ich Ihnen die Gesellschaft für Archäologie, Astronautik und SETI vorstellen – abgekürzt AAS. Wir suchen nach neuen Antworten, weil die alten in vielen Bereichen überholt sind.

Es ist unser Ziel, einen anerkannten Beweis für den Besuch von Außerirdischen auf unserer Erde zu erbringen. Dies vor Jahrtausenden. Dabei wollen wir den Grundregeln des wissenschaftlichen Erkenntnisgewinns folgen, uns aber nicht von bestehenden Dogmen oder Paradigmen eingrenzen lassen.

Im Zwei-Monats-Rhythmus geben wir die Zeitschrift *Sagenhafte Zeiten* heraus – in deutscher Sprache –, die allen Mitgliedern der AAS zugestellt wird. Wir organisieren nationale und internationale Konferenzen und führen Studienreisen an interessante archäologische Stätten durch.

Unser jährlicher Mitgliedsbeitrag beläuft sich auf 60.– Euro/ 60.– CHF (Stand Sommer 2023). Wissenschaftler wie Laien aus allen Berufsgruppen gehören zu uns. Wir sind kein exklusiver Club. Jeder kann dabei sein.

Ich würde mich freuen, wenn Sie sich auf unserer Homepage informieren oder Gratisauskünfte erbitten würden bei:

AAS, Postfach 319, CH-3800 Interlaken
www.sagenhaftezeiten.com
E-Mail: info@sagenhaftezeiten.com